El retorno/el reencuentro
La inmigración en la literatura hispano-marroquí

Lecturas españolas contemporáneas

Vol. 6

Lecturas Españolas Contemporáneas es una colección de textos literarios destinados a estudiantes que aspiran a hacer del español su segunda lengua. Su lectura, también, puede constituir un punto de partida para aquellos hispanohablantes que buscan una primera aproximación a la literatura actual en lengua española. Con esta finalidad, el texto, rigurosamente editado, va acompañado de una guía de lectura que sitúa al autor y la obra en su contexto y propone vías de comprensión e interpretación, a la vez que sugiere actividades para su utilización en clase.

El retorno/el reencuentro
La inmigración en la literatura hispano-marroquí

Edición, introducción y guía de lectura
Ana Rueda

con la colaboración de
Sandra Martín

Cátedra Miguel Delibes
Iberoamericana Editorial Vervuert • 2010

Iberoamericana Editorial Vervuert, 2010
Amor de Dios, 1 — E-28014 Madrid
Tel.: +34 91 429 35 22 | Fax: +34 91 429 53 97
info@iberoamericanalibros.com
www.ibero-americana.net
y
Cátedra Miguel Delibes, Valladolid
www.catedramdelibes.com

ISBN 978-84-8489-504-6

Depósito Legal: BI-829-2010

Diseño de cubierta: Alexandre Lourdel
Fotografía: Eva Madrazo (Shutterstock)

Impreso en España por Grafo, S.A.

The paper on which this book is printed meets the requirements of ISO 9706

Índice

Presentación

Como los pájaros del imposible
te refugias en las orillas de la soledad
donde brota la añoranza
en las ramas de la noche
enraizándote en la tierra de la perplejidad
así, cultivas la congoja
y el octavo viaje
después de haberte embriagado
con el embrujo de los confines.

Mezouar El Idrissi, «El poeta» (2005: 41)

El intento de «contar» el complejo fenómeno de la inmigración marroquí en España a través de un conjunto de textos literarios es ciertamente ambicioso pero no descabellado. Este libro ofrece a los estudiantes de literatura española una selección de textos de los últimos diez años (1999-2009) sobre el tema de la migración hispano-marroquí con el propósito de darles a conocer la variedad de enfoques literarios y la profundidad humana de esta cuestión. Sin duda se trata de un tema de gran actualidad que los medios de comunicación cubren prácticamente a diario desde su vertiente informativa, reportando las azarosas travesías de emigrantes clandestinos que desean alcanzar las costas del sur de España, por el Estrecho, o las Islas Canarias, desde el noroeste de África. Lo que la literatura sobre la migración aporta a través de diversos temas, perspectivas y características formales complementa los reportajes y los estudios sociológicos, que son los ángulos más utilizados. A la vez, los suplementa mediante un imaginario que ofrece una visión que abarca desde lo testimonial hasta lo lírico. Si bien peca a veces de cargarse de tintas tenebrosas, por lo general, tiende al compromiso de solidaridad humana y a ahondar en aquellos aspectos que conducen a un recíproco conocimiento entre las culturas. La literatura sobre la migración hispano-marroquí escrita en lengua española tiene muchas vertientes: sus ficciones lloran los muertos, denuncian las condiciones del emigrante, claman por la justicia y tienden a la conciliación. Lo importante a tener en cuenta es que hacen todo esto a través del gozo por la palabra, conscientes de que su escritura, aunque anclada en una problemática acuciante y dolorosa, va más allá de la voluntad de documentar unos hechos. Exigen, por tanto, una lectura que no reduzca el sentido de sus palabras a datos informativos, a la crónica, al documento de unas experiencias. Son obras de literatura que nos conducen al conocimiento y a la apreciación de la diferencia, y lo hacen a través de usos del lenguaje que tan pronto imitan el lenguaje testimonial como que se alejan, con instrumentos poéticos o experimentales, de cualquier pretensión documental.

Históricamente, España siempre mantuvo una relación conflictiva con el mundo árabe, que, a lo largo de los siglos, fue objeto de atracción y de repulsión, de amistad y de enemistad. Tras la época del colonialismo español en Marruecos (1912-1956), las relaciones entre ambos países siguieron marcadas por momentos de tensión debidos a las fronteras marítimas y los derechos de pesca, al tráfico de drogas, al disputado derecho de soberanía española sobre Ceuta y Melilla (ciudades autónomas españolas en la orilla africana del Estrecho), a la amenaza del terrorismo radical islamista surgida a raíz del ataque del 11 de septiembre, y a los flujos migratorios de la última década.

Gran parte de la historia española se explica a través de la cultura islámica, aunque los puentes que pueda haber entre el mundo árabe que existió en el pasado en la Península Ibérica y el mundo árabe actual sean puestos en entredicho. El Estrecho de Gibraltar opera como una bisagra en el tiempo y en el espacio, que abre y cierra compuertas. Como frontera entre Marruecos y España articula no sólo las similitudes y las diferencias entre dos países, sino entre continentes, idiomas, razas, religiones, sistemas económicos y factores de clase social. Algunos autores suelen explicar las similitudes en el contexto de una identidad mediterránea compartida; otros, de espíritu más beligerante, invocan las conflictivas relaciones hispano-marroquíes desde la invasión de los musulmanes en el siglo VIII hasta las guerras de las primeras décadas del siglo xx y la implantación colonialista del Protectorado español. No obstante, independientemente de si se quieren destacar los lazos ancestrales entre ambas culturas durante la época dorada del Islam en España o erigir barricadas ante los flujos migratorios marroquíes, vistos por algunos como una nueva «invasión» de los «moros», estas obras exploran diversos aspectos fronterizos y nos dan a conocer mejor la experiencia inmigrante en España. Como resultado, a menudo ofrecen reinterpretaciones y relecturas de las conflictivas relaciones históricas entre España y Marruecos a la luz de los recientes flujos migratorios.

La maurofobia —temor al «moro» o árabe— alterna con la maurofilia; actitudes polarizadas que se perpetúan en la España actual. El árabe no sólo es el enemigo histórico sino también el otro que el español lleva dentro: su espejo. Incluso en momentos de enfrentamiento bélico, como las guerras hispano-marroquíes que estallaron en 1909, el enemigo se bifurca: para los protagonistas de estas guerras coloniales, por un lado, está el «moro enemigo» que hay que exterminar y, por otro, el «moro amigo» que lucha en el bando español, en las tropas de Regulares Indígenas, contra sus propios compatriotas. La imagen literaria y exótica del «moro noble» del romancero, exaltada por el romanticismo, ha convivido en el imaginario colectivo español con imágenes despectivas del musulmán que rozan o que se insertan de pleno en la xenofobia y el racismo. El legado histórico de Al-Ándalus o la España musulmana no puede olvidarse, máxime cuando el lenguaje sobre la inmigración actual recurre a términos como «segunda invasión» para referirse a los movimientos migratorios que proceden del norte de África, lo cual confirma lo asentados que están los siglos de hostilidad en la mente de muchos. Sin embargo, este mismo legado histórico es también prueba de una historia común, compartida por cristianos, musulmanes y judíos, por lo que también se constituye en plataforma que facilita el conocimiento de la diferencia y la búsqueda de nuevas soluciones que tienden a la conciliación.

El título de este libro, *El retorno/el reencuentro*, alude de modo paralelo a la maurofobia, que ve la inmigración como el retorno de los «moros», y a la maurofilia, que concibe la posibilidad de elaborar, a partir de una historia compartida, nuevas bases de convivencia con los inmigrantes de origen árabe. Es nuestra intención que esta antología sea parte del debate necesario para discernir mejor la confrontación y la integración de civilizaciones, y para mejorar el entendimiento mutuo entre pueblos vecinos. En ello ponemos también nuestro mejor empeño por evitar el sectarismo y por enfrentarnos al tema de una manera seria.

Las relaciones hispano-árabes se remontan al período de ocho siglos de dominación musulmana en España (711-1492), cuyos vestigios pueden rastrearse con relativa facilidad en la arquitectura, el idioma español o la cultura culinaria. Este rico legado ha llevado a algunos historiadores y arabistas, como Ignacio Olagüe, Juan Vernet o Emilio González Ferrín, a reconsiderar la llamada «invasión árabe» en términos de una evolución que permitió un florecimiento de la cultura árabe en suelo español en un momento propicio para ello, gracias a la multiplicidad de culturas que formaban parte de la Península Ibérica. No obstante, hay muchos interrogantes en torno a este período de la historia. Además, es preciso reconocer no sólo la huella árabe en Andalucía, sino la presencia de lo español en el norte de África y en particular en la escena creativa marroquí de la época actual. De ahí que esta antología recurra a la rúbrica «hispano-marroquí» para abarcar tanto a autores españoles como marroquíes que escriben en lengua española. Hemos delimitado el campo a la producción hispano-marroquí sobre la migración por ser ésta de gran calidad y más cuantiosa que otras literaturas magrebíes y subsaharianas que, desde luego, también aportan obras significativas a esta temática. Precisamente la bibliografía está diseñada para ampliar las referencias del lector mediante lecturas adicionales.

La literatura que se enfoca en la inmigración marroquí es parte de las experiencias de fronteras. Como fenómeno literario y social es más amplio, ya que incluye otros países africanos y otros flujos migratorios que se canalizan a través de Marruecos. La temática ha sido tratada por autores que escriben en la lengua española pero también en árabe, francés e inglés. Por tanto, las selecciones aquí propuestas se inscriben en un contexto hispano-magrebí, que abarca tanto la literatura transnacional como la hispano-marroquí. Nos hemos enfocado en Marruecos debido a la proliferación de obras sobre el tema de la inmigración en el mercado español del libro y al renacimiento, a partir de la década del noventa, de la literatura en lengua española por parte de los creadores marroquíes. La migración como plataforma para debate internacional es ciertamente un tema demasiado amplio y complejo, por lo que hemos querido delimitarlo a unos parámetros más manejables.

Hemos convocado voces de autores españoles y marroquíes en esta antología porque, sin ser ellos mismos emigrantes o inmigrantes, es decir, sin estar necesariamente expresando sus experiencias vitales, tanto unos como otros están implicados en el fenómeno y son una parte integrante de este complejo paisaje social, cultural y lingüístico que es la migración. Su enclave geográfico, o sea, desde dónde escriben y dónde se sitúan figurativamente, puede resultar tanto o más definitorio de su actitud hacia las cuestiones de la migración que su lugar de nacimiento. Al igual que los protagonistas que ellos inventan, los propios escritores están, como dice el poeta Mezouar El Idrissi en el epigrama que encabeza esta presentación, «embriagado[s] con el embrujo de los confines». Y son, en muchos casos, ciudadanos de la frontera: un espacio con vida propia que suele tener poco o nada que ver con los límites territoriales determinados por los estados o las naciones. Como botón de muestra, Najat El Hachmi nació en Nador, Marruecos, pero se mudó a Cataluña de niña, es de nacionalidad española y escribe en catalán (*Jo també sóc catalana*) sobre las experiencias de la mujer inmigrante marroquí. Antonio Lozano nació en Tánger, Marruecos, y actualmente reside en Gran Canaria, uno de los lugares que vive la inmigración a diario y que le aporta un rico material a su novela *Donde mueren los ríos*. Rosalía Royo, madrileña de padre español y madre colombiana, es hoy en día vecina del multiétnico barrio de Lavapiés en Madrid, donde tiene el oído atento a los ritmos musicales que se escuchan en su composición «Papeles». Nieves García Benito reside en Tarifa, el núcleo urbano de España más cercano al continente africano, desde donde denuncia a través de ONGs y de piezas de ficción la situación del emigrante y los numerosos cuerpos que arriban a sus playas. Abderrahmán El Fathi nació y vive en Tetuán, desde donde tiende un puente poético con Al-Ándalus a través de una obra solidaria y sentida, atravesada por el drama de la emigración. Como narradores, poetas o cantautores se hallan, por tanto, en posiciones idóneas para concebir obras que superan las delimitaciones de las fronteras nacionales. Precisamente por la multiplicidad de factores que entran en juego en la escritura, preferimos atender a dónde se sitúa o se posiciona un autor antes que guiarnos por conceptos de identidad basados en su lugar de origen.

También cabe subrayar que la influencia cultural de España y Marruecos es mutua y que la migración no es un fenómeno unidireccional, ya que se produce, ciertamente, de España a Marruecos, si bien en menor grado y en otras condiciones. La emigración en dirección sur se refleja, por ejemplo, en la novela de Concha López Sarasúa, *La llamada del almuédano* (2002) y en estudios como el de José Muñoz Congost, *Por tierra de moros. El exilio español en el Magreb* (1989). A su vez, es bien conocida la influencia árabe en la obra de Antonio Gala y Juan Goytisolo, que llevó a este último a fijar su residencia en Marraquech. Desde allí Goytisolo ha reanudado el debate sobre la relación de España con la cultura árabe musulmana que ya había tocado en sus ensayos *Crónicas sarracenas* (1989). Es también significativo que la revista *EntreRíos* dedicase el número 4-5 (mayo de 2007) a un proyecto monográfico sobre Al-Ándalus, su influencia y la pervivencia del castellano en poetas árabes y judíos que escriben desde distintos puntos geográficos (España, Gibraltar, norte de Marruecos). Su propósito es dar fe de una nueva literatura en lengua española con el referente de Al-Ándalus como motivo de creación literaria. Aunque la literatura hispano-marroquí sobre el tema de la migración es relativamente reciente en lengua española, no ha surgido de la noche a la mañana sino que se cimienta sobre al menos tres generaciones de escritores del Magreb que han venido utilizando el español como vehículo de expresión literaria. A su vez, las obras sobre la migración marroquí tienen un correlato en la tradición literaria y cinemática de la Península Ibérica, como es la migración española durante el franquismo, a la que, por cierto, se le ha prestado escasa atención. De ahí que no sea raro hallar en la literatura que nos ocupa referencias a que España tiende a olvidar su propia historia; es decir, que fue un país de *emigrantes* antes de convertirse en un país de *inmigrantes*.

Los criterios de edición son los siguientes. La inmigración marroquí, si bien, a veces, implica otras migraciones, es la idea común que sostiene los textos seleccionados en esta antología fundamentalmente literaria. El objetivo principal ha sido proporcionar lecturas que tienen algo que decir sobre la experiencia del límite y que lo dicen de una manera apremiante, con las características de una obra bien hecha, y con gran riqueza de significados para el lector. Consideramos que estos textos muestran con precisión imaginativa el drama de un mundo sumergido y marginado. Hemos procurado incluir una variedad temática que permita al lector adentrarse en diversos asuntos relacionados con la migración hispano-marroquí: los azarosos viajes de lo que se ha dado en llamar «literatura de patera», que sin duda tiene un fuerte protagonismo; la mirada nostálgica o rencorosa de la infancia, con respecto a las condiciones dejadas atrás; los sueños de una vida mejor y los problemas de la integración en el país adoptivo; y, cuando cabe, el retorno. Dentro de estas temáticas, hemos querido ofrecer una diversidad de perspectivas literarias, registros del lenguaje, enfoques, voces y géneros.

Se incluyen tres fragmentos de novela, poemas selectos, seis relatos, un cuento para niños, un microrrelato y la letra de una canción. A pesar de sus diferencias, estas obras están libremente comprometidas con los valores del humanismo solidario y con un sentido de responsabilidad social. Aparecen un número equilibrado de autoras y de autores: a los escritores de renombre se suman otros que quizá no hayan recibido mayor reconocimiento debido a las tiradas muy reducidas en que se han publicado sus obras, muchas veces sufragadas por ayuntamientos, diputaciones, gobiernos autonómicos e incluso ediciones de autor; esto afecta de modo particular a algunos de los escritores marroquíes que escriben en español. De hecho, cabe recordar que la lengua oficial de Marruecos es el árabe y que otras lenguas difundidas son el francés, el beréber y, en menor medida, el español. En ningún caso es irrelevante la lengua, las ideas, la técnica y el estilo de cada autor. Un ejemplo cabal es el texto extraído de *Jo també sóc catalana* de Najat El Hachmi, publicado en catalán originalmente y traducido aquí por primera vez al castellano por Sílvia Roig Martínez. Esta novela invita a ensanchar los términos angostos y reduccionistas de «literatura española» o «literatura marroquí» porque elige narrar una experiencia hispano-marroquí de frontera a través del catalán. Con ello El Hachmi enriquece un patrimonio cultural múltiple —marroquí, amazigh, musulmán, catalán, español—, a la vez que ejemplifica el derecho del escritor a crear una literatura extraterritorial, situada justo en el filo de la experiencia fronteriza y dramatizada en el uso del idioma.

En cuanto a la estructura del libro, la edición se adecúa a las estipulaciones de la colección. Comienza con un «Estudio preliminar» que, por una parte, proporciona el trasfondo histórico, cultural y teórico sobre la inmigración marroquí en España, y, por otra, ofrece algunas pautas para el análisis literario: características generales sobre la literatura de la migración y contexto necesario para entender las obras seleccionadas. Estas pautas incluyen un breve bosquejo sobre la obra conjunta del autor seguido de un análisis introductorio que destaca el argumento, el tema, el género, la perspectiva, el planteamiento ideológico y estético, y otras consideraciones que se estiman oportunas. La selección de lecturas aparece bajo el título «Voces hispano-marroquíes»: incluye anotaciones de tipo lingüístico, geográfico, cultural o histórico al pie de página con el objeto de facilitar la lectura. Seguidamente se ofrecen «Materiales para la clase», pensando no sólo en el estudiante sino también en quien busque información adicional sobre las literaturas de fronteras y de inmigración o bien un acercamiento más académico a los textos. Este apartado contiene un mapa artístico, diseñado por Laila Schäfermeyer, que ha procurado recoger las ciudades españolas y marroquíes que se mencionan en los textos; un glosario de términos relacionados con la temática del libro; y propuestas didácticas diseñadas para ser aplicadas a trabajos académicos. En cuanto a la «Bibliografía», está repartida en los datos bibliográficos de las obras seleccionadas así como estudios y obras críticas sobre la migración en general. Hemos añadido fuentes adicionales sobre la migración en los campos de la literatura, el cine y la música para quien tenga interés en explorar otras obras y otras vertientes relacionadas con el tema dentro y fuera de los parámetros de esta antología. La bibliografía sobre el cine contiene breves sinopsis a modo orientativo. Se ofrece también un listado de enlaces de posible interés para el lector.

Agradecemos a los autores cuyas obras hemos seleccionado para esta edición y a las respectivas casas editoriales su cooperación con este proyecto. Sandra Martín ha colaborado con la redacción de la primera parte del «Estudio preliminar», ha aportado sugerencias en cuanto a la selección de los textos y entradas para el glosario y los materiales bibliográficos. Nuestro agradecimiento a Laila Schäfermeyer y Sílvia Roig Martínez, por sus contribuciones respectivas. Asimismo, reconocemos nuestras deudas al profesor Abderrahmane Belaaichi, quien nos facilitó algunos de los materiales relativos a *El diablo de Yudis*; a Adam Glover, por su ayuda con ciertas referencias bíblicas en torno al relato de Lourdes Ortiz; a Javier Rueda, por la identificación correcta de una localidad marroquí en el relato de Elena Soriano, y a la profesora Susan Larson, que nos pudo conseguir, en momentos decisivos, dos libros necesarios para llevar a cabo este proyecto. Finalmente, les agradecemos a Iberoamericana/Vervuert y a Cátedra Miguel Delibes su entusiasmo y su compromiso a editar el libro en el marco de la presente colección.

Ana Rueda
Lexington, Kentucky, 2009

Estudio preliminar

1. La inmigración marroquí en España y su papel en la renovación de la pluralidad cultural

Desde el siglo VIII hasta el siglo XV, gran parte de la Península Ibérica estuvo bajo dominio árabe. En la España musulmana —Al-Ándalus— convivían gentes de tres religiones y culturas diferentes, musulmanes, cristianos y judíos, que formaron el eje de la cultura medieval occidental. Para los cristianos, la reconquista del 1492 hizo posible recuperar la tierra que les había sido arrebatada con la invasión almorávide. Sin embargo, para los musulmanes el destierro significó la apertura de una herida histórica entre las diferentes culturas. Desposeídos de su tierra natal, el paraíso prometido por Allah, el dolor de la separación persiste como un escozor latente.[1] Ali Kettani, fundador de la Ibn Rushd International Islamic University en Córdoba, España, también se refiere a la separación histórica como una lesión: «La herida de al-Ándalus ha estado marcada en nuestro cuer-

[1] Antonio Tello habla de la dolorosa añoranza del musulmán por su tierra natal (1997: 149).

po, pasando de una generación a otra. Nunca podré olvidar cuando mi padre vino aquí, casi como un peregrino, en el año cincuenta. Yo tenía entonces ocho años. Cómo hablaba de Córdoba, de su mezquita, de Sevilla, del alminar de la Masyid al-Mansur, que ahora llaman la Giralda, de Granada, y de tantas otras cosas que le impresionaron».[2]

Muchos consideran la actual inmigración de tantos marroquíes y magrebíes a España[3] como un regreso al hogar (reencuentro) y otros como una segunda invasión (retorno). Si bien la idea del retorno deviene fácilmente en un discurso hostil y anti-inmigración, con la idea del reencuentro ocurre lo contrario. El reencuentro con lugares de destierros históricos es comentado por Manuel Martín-Rodríguez quien establece un paralelo entre las culturas Aztlán y Al-Ándalus. Sugiere que la desaparición de las fronteras gracias a los medios de comunicación como la televisión e Internet está creando una aldea global donde cabe la ilusión de recuperar una identidad perdida. Así, el drama vivido por los inmigrantes, reflejado en la literatura y el cine, recrea, «en el imaginario colectivo [...] un referente histórico y mítico que sirve como legitimación de la experiencia diaspórica [...] [la cual] se centra en el hecho de que ambas comunidades emigrantes pueden recordar y reclamar una presencia

[2] Pedro Canales y Enrique Montánchez describen las impresiones de Ali Kettani al visitar Andalucía en *En el nombre de Alá* (2002: 200).

[3] Según el Instituto Nacional de Estadísticas (INE), el 1 de enero de 2009 había cerca de 5,6 millones de residentes extranjeros legales en España (el 12% de la población total), de los cuales 710 401 eran marroquíes, el colectivo extranjero más numeroso después de los rumanos.

anterior, hegemónica, en las tierras de destino» (Martín Rodríguez 2001). En España, los edificios emblemáticos de la arquitectura árabe que decoran el diseño urbano así como las expresiones y vocablos árabes asimilados por la lengua castellana son testimonio de una civilización anterior con que los inmigrantes marroquíes se pueden identificar. Para llegar a este «paraíso perdido» es necesario viajar al Norte. El problema está en el choque con los intereses comerciales, religiosos y políticos de las naciones de acogida, México y España respectivamente. Por eso emigrar representa a la vez progreso y retroceso, tolerancia y rechazo, reencuentro y desamparo.

La historia moderna y contemporánea no ha sido propicia para la recuperación de la herida histórica que ha sido reabierta muchas veces. En 1859-1860, España interviene militarmente en Marruecos en la llamada Guerra de África, que culmina en la toma de Tetuán. Como señala Rueda (2005: 175), los dos países se volvieron a enfrentar en 1893 y en 1909 en Melilla, y poco después, en 1911-1912, en el Rif. En 1912, España y Francia establecieron el Protectorado sobre Marruecos hasta la independencia del país en 1956. Estos intentos por parte de España de restaurar su imagen imperial en el norte de África tras el desastre de 1898, en el que perdió sus últimas colonias, produjeron grandes estragos militares, como la derrota de los españoles en Annual en 1921. A su vez, fue en el Ejército de África español donde Franco logró ascender a general, plataforma que le sirvió para el levantamiento en armas de 1936 contra la República, dando así comienzo a la Guerra Civil, al término de la cual ascendió al poder. La separación de las dos culturas se ha mantenido durante los cuarenta años de dictadura franquista que procuró revivir el mito de los Reyes Católicos como defensores del territorio nacional contra la invasión del «moro», una estrategia conveniente para justificar la adhesión de territorios marroquíes a España como Ceuta y Melilla. Después de más de tres décadas de la muerte de Franco en 1975, los políticos responsables de la transición hacia la democracia mantenían el llamado «pacto de silencio» que pretendía evitar una reactivación de los rencores que llevaron a la Guerra Civil. Este silencio perpetuó la imagen de Marruecos como un territorio colonizado por el pueblo español, actitud que emergió durante la lucha por la soberanía española sobre la insignificante isleta de Perejil.[4] A la vista de este cúmulo de desavenencias, no es de extrañar que Juan Goytisolo reflexione sobre el Estrecho como una «venenosa cicatriz» que se extiende entre dos continentes y que sirve como testimonio de la herida infligida a los musulmanes expulsados del territorio español durante la Reconquista (1995: 304).

[4] En julio de 2002, media docena de pesqueros marroquíes ocuparon la isleta situada a cien metros de la costa de Marruecos. Por su diminuta extensión, fue omitida en la demarcación de las posesiones españolas dentro del territorio marroquí. Sin embargo, al ser ocupada por marroquíes, España reclamó la isleta como parte de Ceuta y envió tropas, respaldadas por las fuerzas aéreas y la marina, para recuperarla. El incidente despertó un patriotismo y una hostilidad hacia Marruecos ausente desde hacía mucho tiempo. Para más detalles consultar Balfour y Quiroga (2007: 185-187).

A pesar de la traumática separación, muchos pueblos de España están sintiendo los efectos beneficiosos de la inmigración de los marroquíes a España, donde poco a poco aumenta la compenetración económica y cultural; asimismo las relaciones hispano-magrebíes se han reforzado en los aspectos económicos y culturales en territorio marroquí.[5] Annie Phizacklea resume la teoría del sociólogo Douglas Massey que define el proceso de la migración como un proceso socioeconómico de redes, estimulado por factores tipo «push/pull», tales como la pobreza, que empuja, y el buen nivel de vida en Europa, que atrae como un imán a las gentes a la migración.[6] Estas motivaciones se relacionan principalmente con «ties of kinship, friendship and shared community origin» (Phizacklea 2004: 126)[7]. Phizacklea se refiere a la teoría de redes o conexiones interpersonales como la base de un transnacionalismo mediante el cual «immigrants forge and sustain multi-stranded social relations that link together their societies of origin and settlement» (ibíd.: 127).[8] Dado

[5] Según las cifras publicadas por la Caixa Catalunya en el periódico *La Vanguardia* el 29 de agosto de 2006, entre 1995 y 2005 el producto interior bruto (PIB) de España fue del 2,60 gracias a la contribución de los inmigrantes. Sin su ayuda el PIB hubiera sido de -0,64.

[6] Para más información sobre la teoría de «push/pull» de Douglas Massey y la teoría de redes interpersonales, ver Phizacklea (2004: 126-127).

[7] «lazos de parentesco, amistad y un origen comunitario compartido.» Ésta y las traducciones subsiguientes de este apartado son mías.

[8] «los inmigrantes forjan y sostienen relaciones de múltiples hilos sociales que unen las sociedades de las que proceden con las del lugar en el que se establecen.»

el flujo vital que une a las culturas hispano-marroquíes, la reactivación mutua de los lazos es comprensible. Sin embargo, el proceso se topa con muchas dificultades ya que es necesario sobreponerse a las fronteras divisorias construidas desde hace tanto tiempo por conflictos de intereses.

Discursos encontrados

Hablar del inmigrante marroquí hoy en día es invocar distintos tipos de discurso que chocan unos contra otros como barcos amarrados en un puerto esperando la tormenta. Uno es el discurso xenófobo, que dificulta la unión hispano-magrebí y que, como veremos, tiene su contrapartida en discursos de solidaridad hacia el inmigrante. Una voz substantiva del discurso xenófobo e islamofóbico procede de la Unión Europea que ha formado la llamada «Fortress Europa» para cerrar físicamente las fronteras del continente europeo contra los inmigrantes. Al sumarse a este movimiento exclusivista, España intenta demostrar su pertenencia a la Europa contemporánea sin antes construir un proyecto político libre de los dictámenes nacionalistas que niegan la importancia de la cultura magrebí para España (Balfour/Quiroga 2007: 197). Daniela Flesler, en su artículo «New Racism», analiza lo que llama «el culturalist racism» que intenta confirmar el carácter europeo de España mientras ignora los lazos históricos con la cultura musulmana (2004: 105). Este discurso interpreta la presencia de los inmigrantes marroquíes como una mancha en la imagen de una España moderna por recordar su herencia africana. Antonio

Tello coincide con la posición de Flesler al observar que «la inmigración a los países ricos [...] es presentada como una amenaza a la seguridad y a las identidades nacionales. Una falacia abonada asimismo por los fundamentalismos nacionalistas y religiosos, cuyas doctrinas xenófobas y racistas niegan la posibilidad de una convivencia multiétnica o multirreligiosa en un mismo territorio» (1997: 119). Debido al patente racismo del que suelen acompañarse, los discursos xenófobos rechazan el punto de referencia histórica que une a España con Marruecos.

Según Noaki Sakai, este tipo de discurso nace de una fantasía que avala su forma de pensar: «Discrimination is, in fact, rarely grounded on the incommensurabilities between people; rather, it is produced when the political process of articulating culturally specific differences attaches a fantasy to a certain subject position» (2005: 29).[9] Dicha fantasía alimenta el miedo a lo desconocido que, a su vez, fomenta, la discriminación. En su estudio sobre la imagen del inmigrante en los medios de comunicación, Mary Nash señala que

> el discurso periodístico sobre la inmigración y su manera de nombrar a las personas inmigrantes fortalecieron creencias compartidas en términos de subalternidad. Prevaleció la transmisión de representaciones culturales negativas que estigmatizaron, en gran medida, a las personas inmigrantes [...]. Pre-

[9] «La discriminación, de hecho, raramente se funda en la falta de entendimiento entre la gente; al contrario, se produce cuando el proceso político adosa una fantasía al articular su posicionamiento relativo a diferencias culturales específicas.»

> dominó el discurso del miedo con la evocación de términos como «hordas» y avalanchas invasoras, que crearon una cultura de amenaza a partir de una falsa impresión en absoluto coincidente con la realidad de los flujos migratorios del momento (2005: 146-147).

En otras palabras, las imágenes difundidas en los medios públicos crean la psicosis de que la población española está enfrentándose a algo peligroso. Desde la posición hegemónica del Estado español, este discurso refuerza el imaginario del «nosotros» contra «ellos» y la fantasía de un enemigo, secundados por los antiguos enfrentamientos bélicos entre los dos países, España y Marruecos.

Junto a la imagen colectiva entre los medios de comunicación de una masiva invasión del Islam, se perpetúa el perfil del inmigrante musulmán desamparado, víctima carente de agencia e incapaz de defenderse. Estas imágenes islamofóbicas corresponden a una mentalidad que niega la posibilidad de desarrollo o modernización de los musulmanes. A menudo, las imágenes de intercepciones de pateras durante el cruce del Estrecho reducen a los inmigrantes a un grupo homogéneo inherentemente inferior, en contraposición a las imágenes de superioridad de los españoles retratados como seres sanos, limpios y solidarios. Estas imágenes generalmente van acompañadas de un lenguaje neo-colonial que describe las personas de naciones en vías de desarrollo como «backward, barbaric, traditional, and "primitive"» (Jiwani 2005:

180).[10] También los reportajes envilecen las descripciones del inmigrante como un agente contaminante de la cultura hispana.[11] Para completar el retrato denigrante, los discursos xenófobos criminalizan al inmigrante al tacharlo de «ilegal» por su falta de papeles o por su asociación con las drogas (Tello 1997: 121). Tras los ataques terroristas de Nueva York y Madrid, los discursos en los reportajes se radicalizaron aún más al asociar a todos los musulmanes con las organizaciones de Al Qaida y los talibanes. Por su parte, Gunther Dietz observa un viraje abrupto en el debate sobre la integración de los inmigrantes en la sociedad española cuando la prensa empieza a aducir argumentos alarmistas de seguridad nacional por la amenaza musulmana (2004: 1087-1112). Según Teun A. Van Dijk, como norma general, el rol de la prensa parece ser el de reproducir los sentimientos de racismo y de discriminación que existen en España (2008: 19).

Intentando comprender la reacción excesiva contra la inmigración y los retos de la diversidad, Mary Nash escribe: «La elaboración de esta ilusión de identidad negativa hace que exista una especie de necesidad de encontrar en el otro los defectos que uno teme encontrar en sí mismo. Esta visión contribuye a fortalecer el territorio íntimo (individualidad) y de cohesión (colectividad) haciendo de los otros el equivalente de un reverso negativo asegurador» (2005: 64).

---

[10] «atrasadas, bárbaras, tradicionales y "primitivas".» Aunque Jiwani habla del «otro» en general, su crítica es aplicable a la caracterización del inmigrante.

[11] Ver, por ejemplo, McGhee (2006: 111-127).

Coincidiendo con la visión de Nash, Zygmunt Bauman habla de los inmigrantes como desechos de la modernidad «earmarked for destruction» (marcados para la destrucción) (2004a: 59). Describe a los inmigrantes como productos de la sociedad de consumo, que necesita contenedores de basura y cabezas de turco a quienes culpar de las acciones de terroristas, de la propagación de pandemias y de los fallos de la economía. Estas imágenes alimentan también los egos de algunos españoles que se sienten cómodos en sus posiciones privilegiadas mientras viven el mito de la superioridad e ignoran el rico legado de las conexiones hispano-magrebíes.

Frente a los discursos xenófobos e islamofóbicos han surgido discursos solidarios que intentan minimizar la discriminación. La primera fuente de solidaridad aparece en Andalucía, precisamente donde la presencia de inmigrantes marroquíes renueva la búsqueda romántica de la cultura de Al-Ándalus. La ilusión por recuperar una sociedad tolerante en que puedan convivir gentes de diferentes razas, religiones, lenguas y culturas se percibe en otras imágenes en los medios de comunicación que retratan al inmigrante integrado en la vida de los españoles.[12] Un reportaje del *New York Times* ofrece imágenes de reuniones familiares de inmigrantes al aire libre en España con una interrogación provocativa

---

[12] Aunque Daniela Flesler subraye la teoría del etnólogo Clifford que pone en entredicho la «transparency of representation and immediacy of experience» (transparencia de la representación e inmediatez de la experiencia) (2008: 179), es innegable la validez de las imágenes y voces que sirven de testimonio de la integración de los inmigrantes en la vida diaria de los españoles.

como título: «The New Pariahs?» (Feldman 2008). Con el propósito de deconstruir la imagen del inmigrante como una persona indeseable, el reportaje retrata a familias extranjeras disfrutando de un buen nivel de vida. La ironía está en el hecho de que estas personas, que antes eran rechazadas, ahora contribuyen a mejorar la economía nacional.

Sin embargo, no todos los inmigrantes logran resolver las dificultades de la integración en España sin haberse enfrentado a la xenofobia. SOS Racismo y la Asociación de Víctimas de Pateras han publicado reportajes en la revista *Mugak* que denuncian los malos tratos a los inmigrantes. Otros testimonios solidarios con el inmigrante son los informes de Amnistía Internacional que publica regularmente torturas y malos tratos a inmigrantes en España. Juan Goytisolo une su voz de protesta al divulgar el rebote xenófobo contra los gitanos y los extranjeros. Opina que el problema es exacerbado por «el incumplimiento sistemático de las leyes y compromisos internacionales destinados a prevenir y castigar toda forma de discriminación racial»; a su vez, denuncia al Estado español como cómplice de los malos tratos por ser incapaz de poner orden y tolerancia en una sociedad que empuja al diferente hacia «una marginación absoluta» (Goytisolo 2003: 179). Asimismo, hay llamadas de atención en los medios de comunicación sobre organizaciones que amenazan a los inmigrantes: por un lado están los grupos violentos de *skins* que atacan a personas que tienen un aspecto diferente; y, por el otro, la mafia de tráfico humano que transporta a inmigrantes ilegales desde el norte de África. Los medios de comunicación han condenado el sistema de vigilancia por radar que intenta detectar a los inmigrantes en aguas internacionales antes de que lleguen a las costas españolas.[13] Los artículos tienen en común una fuerte agenda política a favor de los derechos humanos de personas que simplemente intentan huir de la pobreza y la falta de salidas dignas en su propio país.

Paralelo a la denuncia contra los malos tratos a los inmigrantes, existe un discurso de apoyo con respecto a las personas que ayudan a los inmigrantes y que por ello son acusadas de complicidad criminal. Una película reciente, *Welcome* (2009), del director francés Philippe Lioret, describe las dificultades de un hombre que intenta ayudar a un inmigrante a reunirse con su novia. El film no sólo denuncia los malos tratos a las personas y organizaciones solidarias que son acosados por la policía y criminalizados por la prensa, sino que también critica la deformación de la imagen del

[13] Por ejemplo, Jorgen Carling, en «Unauthorized Migration from Africa to Spain»(2007: 1-37), menciona el sistema de vigilancia por radar y el aumento significativo de detenciones de pateras; James Babcock, en «Morocco: On a Dream and a Prayer» (2004: 18-19), se refiere al aumento de las personas que salen en patera para cruzar el Estrecho a pesar del riesgo que supone; Yolanda Molina Gavilán y Thomas J. Di Salvo utilizan referentes del cine en «Policing Spanish/European Borders: Xenophobia and Racism in Contemporary Spanish Cinema» (2008); *MUGAK Centro de estudios y documentación sobre racismo y xenofobia de 37*, «1.167 razones», editorial del 13 de diciembre de 2006. SOS Racismo/SOS Arrazakeria consigna la cantidad de víctimas que ha habido por cruzar el Estrecho en patera, tanto las denunciadas como las supuestas, y afirma que debería ser suficiente razón para poner fin a la caza de la patera.

inmigrante y los abusos contra éste. La película provocó las reacciones inmediatas del presidente de Italia, Berlusconi, y del presidente de Francia, Sarkozi, que siguen adoptando posturas defensivas contra la inmigración, esgrimiendo la pérdida de identidad nacional y la necesidad de mantener la pureza racial y lingüística como razones legítimas de su exclusión. Muchos periódicos europeos han reaccionado ante estas posiciones ultra conservadas de los políticos europeos criticando el cierre de las fronteras de la Fortress Europa y las condiciones inhumanas en los barrios y guetos de las ciudades europeas donde viven los inmigrantes. Sorprendentemente, los políticos españoles han guardado silencio absoluto sobre el impacto que ha causado la película, aunque los problemas de los inmigrantes ilegales son igualmente acuciantes en el país.[14]

Cambiando de tono, otros discursos solidarios intentan borrar la imagen negativa del inmigrante en España con reportajes sobre las mejoras dirigidas a este sector de la población. La más importante parece ser la educación en las escuelas españolas que proporciona a los hijos de inmigrantes un futuro digno para ellos y para sus familias (Phizacklea 2004: 131). La educación del inmigrante se presenta como un beneficio para los españoles ya que la unificación de dife-

---

[14] En España, los inmigrantes suelen vivir en chabolas a las afueras de las ciudades, en pensiones degradantes y en pisos superpoblados en zonas donde buscan una compañía solidaria donde formar islas étnicas. Cf. Tello (1997: 143); Castellano Parreño/Guerra Talavera (2005: 205-208); Nash (2005: 127-130); y Vega (1997).

rentes etnias en las aulas enseña tolerancia desde la infancia. Aparte de las mejoras debidas a la educación, los informes hablan de la aportación positiva a la economía por parte de las mujeres inmigrantes que crean comercios y puestos de trabajo.[15] En efecto, muchos negocios se inician gracias a los microcréditos cedidos a mujeres inmigrantes con intereses muy bajos (al 3,5% por el Banco Mundial de la Mujer en España y al 5% por la Caixa Catalunya) (García del Pozo 2006: 222). En general, estos discursos solidarios subrayan una imagen positiva del inmigrante que viene a integrarse y aportar un bien a la sociedad española.

El papel de los inmigrantes en la comunidad autónoma de Cataluña es significativo en la lucha por una identidad propia dentro del colectivo de las culturas españolas. Ignasi Terradas, profesor de la Universidad Autónoma de Barcelona, al señalar el lenguaje como el factor básico de la identidad catalana, pone hincapié en la «intimate association between speaking Catalan and being Catalan» (asociación íntima entre hablar catalán y ser catalán).[16] Esta posición es importante porque otorga la catalanidad a los residentes que hablen el idioma aunque sea como una segunda lengua. Los inmigrantes comparten los mismos derechos y deberes que

---

[15] Francisco Checa y Olmos presenta un estudio muy completo sobre este tema en *Mujeres en el camino. El fenómeno de la migración femenina en España* (2005).

[16] Para un análisis del concepto de la identidad catalana y el lenguaje, ver Alexander Alland, Jr. y Sonia Alland (2006). También mencionan la identidad construida en base al idioma catalán Roger Silverstone y Myria Georgious (2005: 433-441).

los nativos y se insertan en la vida social sin necesariamente perder su identidad de origen. De esta manera, la unión de los inmigrantes al colectivo catalán establece un precedente de convivencia pluralista y refuerza el argumento a favor de un poder autonómico dentro del Estado español.

Existe una situación parecida en Andalucía donde, según Gunther Dietz, la gente «claim that a "return of Islam" and/or the pluri-religious legacy of Al-Andalus will empower the region's ongoing search for a super-local, but sub-national and non-Castillian common identity» (2004: 1087).[17] Esta pluralidad lingüística y religiosa de las autonomías compromete a la posición hegemónica del Gobierno central que profesa una identidad uniforme para todo el territorio nacional, aunque el mito de la pureza nacional esté desacompasado con la realidad pluralista de la España actual. De hecho, las autonomías unidas a las comunidades de inmigrantes están más cerca de la modernidad pluralista de la Unión Europea que de un Estado-nación que proyecta la imagen de una sociedad homogénea, monoétnica y monolingüe.

La fortaleza de las autonomías y la visibilidad de múltiples lenguas y etnias dentro de un territorio nacional contribuyen a la deconstrucción del concepto de lenguaje como marcador de nacionalidad. Según Dirlik, «[l]anguage does not serve as a marker of belonging either in the place of

---

[17] «arguye que el "retorno del Islam" y/o el legado de la pluralidad religiosa de Al-Ándalus dará vigor a la búsqueda de una identidad regional común que supera el ámbito local, pero que no es castellana y tampoco se subsume bajo lo nacional.»

departure or the place of arrival, but becomes an object of investigation itself» (2002: 225).[18] Para Naoki Sakai, la lengua nacional asociada con la lengua materna es un producto de la imaginación así como el recuerdo de la voz de la madre, el contacto con su cuerpo, y la sensación de seguridad: «In other words, the mother tongue is a notion, and, as a notion, it does not preserve actual memories, but gathers random memories, [...] including fabricated memories of things that never existed» (2005: 19).[19] Entonces, según Sakai, es la imaginación lo que produce la noción falsa de la homogeneidad de una lengua nacional. Desafortunadamente, para algunos el acto de no someterse a la homogeneidad de la lengua oficial se percibe como una traición a la autenticidad y la esencia del pueblo español. No obstante, la apertura a la diversidad lingüística se fomenta a través de la convivencia con personas de otras regiones españolas y otras etnias. Es así como las distancias entre culturas se reducen y las diferencias empiezan a reconocerse y a respetarse.

La negociación de la identidad

El hecho de identificarse personalmente con una nación adscribe los conceptos de «hogar» y «familia» a un espacio

[18] «El lenguaje no sirve como marcador de pertenencia ni en el lugar de salida ni en el lugar de llegada, sino que se convierte en un objeto de investigación en sí.»

[19] «En otras palabras, la lengua materna es una noción, y, como noción, no guarda memorias reales, sino que recoge memorias sueltas, [...] incluso memorias fabricadas de cosas que nunca existieron.»

geográfico. Presupone también la conformidad con categorías ideales, de lo propio y lo diferente, conceptos que suscitan oposiciones binarias. Sin embargo, a pesar de la adhesión voluntaria del inmigrante a una nación, los derechos de admisión los controlan otros. Por lo tanto, independiente de la sensación de pertenencia, al no controlar los criterios de selección, el inmigrante se ve obligado a soportar una inquietante vulnerabilidad (Yuval-Davis 2006: 20). Según Doreen Massey en «A Place Called Home», todos somos extranjeros ya que es una equivocación creer que todos tenemos un lugar a donde pertenecemos o que exista un lugar que nos pertenece a nosotros (citado en Saunders 2003: 21). Rebecca Saunders define la condición de extranjero como la sensación de no pertenecer al lugar de residencia:

> being an integral portion of some «whole» without which that «whole» would be incomplete. It implies that being completes itself elsewhere outside the self, in the nation, or a religious worldview, for example — and that one's place in that elsewhere is predetermined, necessary, and permanent. In this scenario, the foreigner has no part; s/he is constitutionally, essentially outside (ibíd.: 19).[20]

---

[20] «ser parte integral de un total que quedaría incompleto sin tu aportación. Implica que la condición de ser se completa fuera de uno mismo, en la nación, o la religión, por ejemplo —y que el lugar de uno mismo en ese otro sitio está predeterminado, es necesario y permanente—. En este escenario, el extranjero no tiene cabida; el/ella está constitucionalmente y esencialmente fuera.»

Por tanto, el inmigrante únicamente puede pertenecer al lugar adoptivo si le es permitido formar parte de la totalidad de forma oficial.

Según la política social vigente en Europa, la nacionalidad o la ciudadanía se determinan de diferentes maneras: una en base de la ley *jus sanguinis* (derecho de sangre), por el que la ciudadanía se transmite de padres a hijos; y otra según la ley *jus soli* (derecho al suelo), que otorga la ciudadanía a las personas nacidas dentro del territorio nacional. Obedeciendo a la tradición española que privilegiaba la herencia de sangre como medio de afianzar la cultura y la identidad nacional así como la homogeneidad étnica, el Estado español se guía por el *jus sanguinis* que da la ciudadanía a los hijos de personas que ya tienen la nacionalidad española. Esto significa que los hijos nacidos de extranjeros dentro del territorio español no son considerados de nacionalidad española. El discurso xenófobo, que se aferra a nociones de pureza de una sociedad en aras de una superioridad «natural», defiende la ley *jus sanguinis* que favorece los derechos y privilegios heredados, por lo que la ciudadanía se funda en la nacionalidad de uno de los padres o antepasados distantes. A su vez, los hijos y nietos de españoles que emigraron por razones políticas o económicas tienen derecho a la nacionalidad española de origen. En cambio, el discurso solidario se inclina hacia la ley *jus soli* para defender la noción de privilegios adquiridos por personas de otras etnias, razas y religiones nacidas dentro del territorio español.

Según la normativa vigente, los inmigrantes que desean tener la nacionalidad española deben someterse a la Ley de Extranjería que otorga la ciudadanía al casarse con un español, o al cumplir cinco años consecutivos viviendo dentro del territorio nacional.[21] A pesar del esfuerzo por organizar las comunidades extranjeras según normativas y prácticas acordes con la Unión Europea y con la Ley de Extranjería en España, la inmigración está creando una diversidad étnica y lingüística que desafía las normativas del Estado. Tomemos el ejemplo de una persona que nace de padres marroquíes en Cataluña y que crece hablando catalán sin aprender o llegar a dominar el idioma de sus padres. Habiendo conocido únicamente Cataluña y pese a sus rasgos físicos diferenciados, como persona se identificaría con la cultura catalana, o sea con el lugar y el idioma de residencia. Estas personas se enfrentan a diario a situaciones en que, a pesar de su auto-imagen como españoles, o catalanes, son

[21] Ley orgánica de Extranjería 4/2000, de 11 de enero, sobre derechos y libertades de los extranjeros en España y su integración social. Como estas normativas dejaban desamparados a cientos de miles de extranjeros en una situación ilegal durante años, se aprobó una nueva ley de extranjería en el año 2000 que otorga el permiso de residencia y trabajo a todos los que puedan acreditar haber vivido en España entre el 1996 y el 1999. La forma de acreditación más habitual es el empadronamiento en el ayuntamiento del lugar de residencia. Los inmigrantes que entraron en España antes o después deben aguardar los cinco años reglamentarios para solicitar el permiso de residencia. Mientras tanto, todos han de buscar un contrato de empleo que les sirva para solicitar el permiso de trabajo. Este requisito crea una situación llamada «el pez que se muerde la cola»: sin contrato el inmigrante no puede recibir el permiso de trabajo y sin permiso las empresas no dan contratos.

marcados como «extranjeros» por personas de mentalidad netamente nacionalista. Surgen infinidad de conflictos al intentar definir la nacionalidad de inmigrantes de primera y segunda generación, o de lo que Gustavo Pérez Firmat ha dado en llamar «la generación del 1,5», término que toma del sociólogo Rubern G. Rumbant. La generación 1,5 es la que se encuentra entre la primera y la segunda generaciones de emigrados, posición que Pérez Firmat considera privilegiada, a diferencia de Rumbant, quien le asigna una doble marginalización. Según Pérez Firmat, la generación 1,5 se caracteriza por la «bicultración», un fenómeno transitorio de una generación a otra, que describe como «una situación en la cual las dos culturas llegan a un equilibrio que hace difícil determinar cuál es la cultura dominante y cuál es la subordinada» (cf. Pérez Firmat 1994: 6 y 1996: 21-24).

Con esta variedad de identidades, se plantean preguntas como éstas: ¿Es más español el que tiene padres españoles o el que lleva tiempo viviendo en territorio español sin haber alcanzado el status de ciudadano? ¿Quién es más catalán, el que únicamente conoce Cataluña y sólo habla catalán, o el que tiene una familia catalana de hace varias generaciones aunque resida en otro país? Con la inmigración los modelos de ciudadanía y extranjería se multiplican a la vez que no cesa el interés por definir la identidad de lo nacional.

La variedad de maneras de enfocar la cuestión de la identidad del inmigrante en el contexto de las culturas hispano-magrebíes se puede resumir en dos posiciones básicas: una se define con un discurso nacionalista que realza la conexión con un territorio físico y una política de exclusión; otra se retrata con un discurso pluralista que defiende la movilidad e independencia del individuo y con una política integracionista. Según el discurso con el que simpatice más, el lector puede contemplar las culturas hispana-magrebíes como un choque de civilizaciones[22] o como un caso de necesaria hermandad de pueblos unidos por un punto de referencia histórica común. Independientemente de la postura adoptada, es inevitable reconocer la creación de una sociedad española multiétnica que tiende a cerrar las heridas culturales del pasado. Según Arif Dirlik, la cura requiere un discurso especial: «But closing the gap between them requires a different kind of language than has dominated cultural discussion in recent decades, a language that is more cognizant of the historicity of the cultural, which in turn is premised on a politics driven not by questions of cultural identity but questions of social and public responsibility» (2002: 222).[23]

Giovanni Sartori amplía el concepto de la responsabilidad sociopolítica en una nación pluralista[24] exigiendo un

---

[22] A título de ejemplo, ver el artículo de Samuel Huntington que presenta el contacto de diferentes culturas como un choque violento de civilizaciones (2004: 30-45).

[23] «Sin embargo, cerrarlas requiere un lenguaje diferente del que ha dominado la discusión cultural en las últimas décadas, un lenguaje que es más consciente de la historicidad de la cultura, que a su vez se basa en la premisa de una política impulsada no por cuestiones de identidad cultural sino por cuestiones de responsabilidad social y pública.»

[24] Giovanni Sartori clarifica los conceptos de multiculturalismo y pluralismo. El primero reconoce la existencia de diferentes culturas, pero se rige por un sistema de valores que las mantiene separadas y sometidas a

compromiso entre los nacionales y los inmigrantes. Argumentando a favor de la reciprocidad, Sartori aboga por «un vivir juntos en la diferencia y con diferencias [...] en el que el beneficiado (el que entra) corresponde al benefactor (el que acoge) reconociéndose como beneficiado, y reconociéndose en deuda» (2001: 54). Sugiere así una mutua aportación de bienes y una aceptación de normas de convivencia que contribuyen a allanar las diferencias. Antonio Tello coincide con Sartori en su concepto de reciprocidad. Escribe refiriéndose al inmigrante: «no es un mendigo, ni un delincuente, ni un invasor sino un sujeto que a cambio de ejercer su derecho a vivir una vida digna pone al servicio del progreso y la existencia misma de la comunidad que lo acoge todas sus capacidades y conocimientos» (1997: 176). La reciprocidad debería funcionar siempre que el inmigrante marroquí amparado en España se comprometa a compensar a su anfitrión por su generosidad y que el anfitrión español esté dispuesto a contemplar al inmigrante como una parte integral de la cultura hispana.[25] Visto así, el contrato social que proponen Tello y Sartori plantea la posible recuperación

la hegemonía de una de ellas. El pluralismo, por el contrario, da prioridad a la integración de culturas y a la tolerancia de diferencias (2001: 61-90). Como resultado, «el pluralismo se manifiesta como una sociedad abierta muy enriquecida por pertenencias múltiples, mientras que el multiculturalismo significa el desmembramiento de la comunidad pluralista en subgrupos de comunidades cerradas y homogéneas» (ibíd.: 127).

[25] Para un estudio detallado sobre las opciones políticas de una representación democrática de los españoles y los inmigrantes, ver Zapata-Barrero (2001).

de los lazos históricos. No obstante, hay muchos interrogantes en torno a esta solución hospitalaria que quedan sin resolver.

Homi Bhabha elabora otra teoría de integración en el ensayo «Culture's In-Between» donde presenta el concepto de la red flotante o «floating web» (1996: 55), la cual mantiene unidas las partes diferentes de una cultura, una sociedad y sus individuos. En referencia a la inmigración de una minoría que habita un espacio dentro de una nación, Bhabha explica que no basta con ocupar un espacio, sino que es necesario negociar el concepto de la autenticidad y las conexiones interculturales que lo definen: «In fact the challenge is to deal not with them/us but with the historically and temporally disjunct positions that minorities occupy ambivalently with the nation's space» (ibíd.: 57).[26] La red de Bhabah se asemeja a la noción marroquí del «jamacah "community/group"» (jamacah «la comunidad/el grupo»),[27] según la cual los miembros se complementan entre sí, formando lazos de unión con la familia y con la cultura del lugar que ocupa. Este concepto, a diferencia de la noción de la individualidad, facilita la integración de la comunidad marroquí con la sociedad de acogida.

[26] «De hecho, el desafío es alejarse del ellos/nosotros y enfrentarse a las posiciones histórica y temporalmente inconexas que las minorías ocupan de modo ambivalente dentro del espacio de la nación.»

[27] Hay referencias a la identidad colectiva de la comunidad marroquí en Carens/Williams (1996: 158) y Sadiqi (2003: 65).

Para consolidar la unión deseada, Arlik Dirlik propone centrarse en el espacio físico y la historia común como puntos de unión: «Thinking places may be one way out of the entrapment. History, which may imprison or liberate depending on how it is used, may be another» (2004: 2).[28] Entonces, según las teorías de Bhabha y Dirlik, se podría considerar al colectivo inmigrante magrebí como una red de conexiones que unifican las culturas hispano-magrebíes por el hecho de compartir un punto de referencia común relacionado con el espacio físico de la Península y la historia de Al-Ándalus.

Estos discursos de la globalización de las culturas llaman la atención sobre la desaparición de espacios exclusivos y la creación de culturas multiétnicas como algo imparable. Armando Salvatore, saliéndose del espacio reducido de Andalucía, habla de un «Euro-Islam» que recalca la nueva fluidez entre las tradiciones y las sociedades hispano-magrebíes actuales (2004: 1027). Este discurso optimista de la integración de culturas es secundado por Zygmunt Bauman, quien proclama la necesidad de

> acknowledge the fact that all of us who share the planet depend on each other for our present and our future, that nothing we do or fail to do can be indifferent to the fate of anybody else, and that none of us can any longer seek and find a private

[28] «Pensar en el espacio físico puede ser una manera de salir de la trampa. Otra puede ser la historia, que puede encerrarle a uno o liberarle dependiendo de la manera en que se utilice.»

shelter from storms that may originate in any port of the globe (2004a: 153).[29]

Ante la diversidad de perspectivas sobre la composición de España, su historia y los retos de la inmigración, el rol del lector no es simplemente elegir el discurso con el que desea alinearse: el de exclusividad y poder del Estado-nación o el de multiplicidad y tolerancia entre los ciudadanos. Debe realizar una lectura analítica teniendo en cuenta la riqueza literaria de los textos, el trasfondo histórico, y los distintos discursos teóricos y críticos que son parte del debate. Por lo general, la literatura que trata el tema de la inmigración cuestiona las premisas xenófobas de las historias oficiales y construye imágenes del inmigrante humanizado. Intenta captar lo que tienen las personas de España y Marruecos en común: su lucha por sobrevivir, las relaciones con compañeros del infortunio, los sueños de un porvenir y los sinsabores de las relaciones amorosas. Tratan del dolor producido no sólo por los abusos de los prepotentes sino también por la indiferencia de los que, al contemplar el sufrimiento humano, optan por mirar al otro lado. En conjunto, las obras aquí seleccionadas en torno al tema de la inmigración marroquí en España, o «el retorno del morisco» en palabras de Bernabé López García (1993), se sitúa en el filo de discursos

[29] «reconocer el hecho de que todos los que compartimos el planeta dependemos los unos de los otros en nuestro presente y nuestro futuro, que nada de lo que hacemos o dejamos de hacer puede ser indiferente al destino del otro, y que nadie puede buscar y encontrar cobijo personal de las tormentas que pueden surgir de cualquier puerto del globo.»

encontrados, ofreciendo la oportunidad de subsanar una vieja herida y de reconstruir una cultura hispano-magrebí a través de un pensamiento a la vez crítico y lúcido.

2. Pautas para el análisis literario

Los textos incluidos en esta edición relatan no sólo la prueba del mar —cruzar el Estrecho— sino también la dolorosa experiencia de dejar atrás una geografía y un pasado queridos y las esperanzas de una vida mejor. Los personajes que despliega esta literatura de la migración lidian, por lo general, con identidades refractadas por el trauma del cruce del Estrecho a Andalucía o la travesía a las Islas Canarias. A través de su experiencia intentan descubrir quiénes son, sopesar sus tradiciones y el impacto de la migración en sus prácticas sociales y religiosas, e ir más allá de los estereotipos a través de nuevas formas de entendimiento. A su vez, la experiencia inmigrante funciona como un espejo ciego en el que algunos españoles no se quieren mirar o como un espejo claro en el que el «yo» se reconoce en el otro y le tiende una mano de solidaridad. Las experiencias relatadas chocan con la xenofobia pero también encuentran hospitalidad hacia el inmigrante ilegal; denuncian injusticias sociales y abusos de los derechos humanos o proponen nuevos puntos de unión entre dos culturas; eligen la crudeza del realismo testimonial o un lenguaje simbólico y poético; oscilan entre la frustración y la esperanza; y a pesar de la tragedia humana, el humor brota inesperadamente como tabla de salvación.

Con el ánimo de proporcionar un contexto literario para reflexionar sobre los textos seleccionados, ofrecemos a continuación algunos elementos recurrentes en la literatura de la migración.[30] Éstos irán seguidos de consideraciones sobre la obra en conjunto de cada autor y algunas particularidades sobre el texto seleccionado.

Aspectos recurrentes en la literatura de la migración

El motivo del viaje como eje articulador de las experiencias del emigrante

El fenómeno de la migración conlleva un desplazamiento físico a otro lugar. Si se trata de migraciones transnacionales, cruzar la frontera constituye el eje estructural de la acción. El viaje, que se emprende con el deseo de sobrevivir una situación de persecución política o con la ilusión de remontar la penuria económica, articula, por tanto, la experiencia del personaje emigrante. Muchos de estos viajes se emprenden con un sentido de pérdida irreparable, sin esperanza de volver al país de origen; máxime si se tiene en cuenta las pateras y otros inadecuados medios de transporte diseñados para transportar a emigrantes ilegales. La metáfora del viaje, según Georges van den Abbeele, se inserta necesariamente en una economía, es decir, en un marco de ganancias y pérdidas.[31] El viaje adquiere, en el caso de la inmigración ilegal,

[30] Aconsejamos los estudios de Mohamed Abrighach (2006), Marco Kunz (2002) y José Rodríguez Richart (1999).

[31] Ver la introducción de Georges van den Abbeele (1992).

signo negativo, sea recordando al lector las razones que impulsaron a la persona a emigrar o examinando las trabas que el país receptor coloca ante la entrada del inmigrante. No obstante, también se recupera el recuerdo de una infancia feliz, antes de que la necesidad de emigrar se impusiera. La economía del viaje como metáfora es extremadamente relevante en el caso del emigrante ya que su viaje, que carece de certezas o garantías de ningún tipo y que es susceptible de convertirse en ganancia para otro, conlleva además un alto índice de pérdida y riesgo para su propia vida. Hay que tener en cuenta que el emigrante no es sólo un viajero, figura que estaría en relación de igualdad o incluso superioridad con respecto al país visitado; al contrario, la situación del emigrante en el país receptor es de desigualdad y dependencia del más poderoso, por lo que deberá enfrentarse a los choques entre las dos culturas e identidades, la del origen y la adoptiva. En este choque juega también un papel importante el recuerdo del colonialismo español en Marruecos, que tiene sus raíces en el siglo XIX y que se perpetúa mediante el Protectorado (1912-1956). Por consiguiente, la figura del colonizado y del subalterno se solapa, a pesar de las diferencias, a la del inmigrante.

Van den Abbelee también señala que el viaje se define a partir de un punto fijo: el hogar —en griego *oikos*, de donde deriva la palabra economía—. En muchos casos, el gozo del regreso del emigrante queda frustrado porque se convierte en un viaje sin retorno o es un retorno que se acompaña de la indignidad de la repatriación, como le ocurre al protagonista de *El diablo de Yudis* de Ahmed Daoudi. No hay ganancia, por tanto, en el sentido de recuperación de lo perdido. Y cuando el emigrante regresa triunfante, ostenta un nivel de vida que, lejos de beneficiar a sus compatriotas, ejerce una fascinación sobre ellos que les lleva a arriesgar sus vidas en nuevos y peligrosos viajes. Así ocurre con Leuma, la esposa del emigrante en la misma novela. Ilusionada con la posibilidad de enriquecerse en un sistema económico neoliberal, instiga a su marido a emigrar para poder comprar un televisor o una nevera, pese a que su chabola carece de electricidad. De cualquier modo, a la incertidumbre del regreso se suma la certeza de los peligros que le aguardan al emigrante al llegar a tierra. Del *oikos* lo único que queda es la metáfora del pensamiento como viaje: las memorias de la infancia, las tradiciones dejadas atrás, la cultura árabe. En este sentido son reveladores los relatos «Al-Yaza'ir» de Nieves García Benito y «Viaje al pasado» de Mohamed Lenrini El-Ouahhabi. En ellos Marruecos sólo se concibe cuando ya se ha perdido. El hogar es una trayectoria mental que se despliega en el espacio de la escritura, sobre el papel, como una divagación infinita, desarraigada y desgarrada.

El viaje que emprende el emigrante se desvía, por tanto, del concepto del viaje como forma canónica de la literatura occidental, puesto que ni culmina en el arribo a un destino, donde para el emigrante sólo empiezan otras pesadillas, ni se le da cierre al viaje en un sentido escritural, ya que la distancia que sigue a la salida de la patria sólo parece agrandarse.

a) Tropos o figuras retóricas

El mar y otras metáforas relacionadas

Dado que el viaje es una exigencia de la emigración, el mar (el Océano Atlántico o el Estrecho de Gibraltar) y el cruce con éxito cobran suma importancia en estas obras. Debido a la incertidumbre de la travesía y a la posibilidad de ser pescado como un «atún», es decir, de ser atrapado en las redes del tráfico de las personas, el viaje por mar tiende a asociarse a la agonía del emigrante, al peligro y a la muerte. En ocasiones el mar se relaciona con la posibilidad de un renacer. Este viraje del mar-tumba al mar-fuente de vida explica las recurrentes figuras del «náufrago», que «nace» a la vida, o del «resucitado» como metáforas de salvación. Un ejemplo del mar como útero y de la patera rodeada de agua como cuna mecida por las olas se halla en «Finalmente, ¿una oscuridad?», de Elena Santiago, relato concebido a partir de la esperanza de una emigrante embarazada de dar (mejor) vida a un nuevo ser. El mar, como la patera, puede encapsular las esperanzas de los emigrantes o dejar una estela catastrófica del sacrificio humano que exige cruzar las aguas del Estrecho; sacrificio exigido por la arbitrariedad del nuevo orden político y económico. No obstante, prevalece la asociación mar-muerte. En «La mujer sin cabeza», de Andrés Sorel, la historia surge de la voz de una mujer ahogada. En «El lenguaje de la felicidad», de Abderrahman El Fathi, el mar del Estrecho, antes odioso porque separaba a la niña marroquí de su madre emigrada, se convierte en un mar gozoso cuando va a reencontrarse con ella. En «Fátima de los naufragios», de Lourdes Ortiz, el mar se sugiere como agente de la muerte y a la vez como fuente de vida. El niño Mohamed sobrevive el viaje en patera y es «nacido de nuevo de las aguas»; mientras que Fátima, la mujer africana que ha perdido a su marido e hijo en la travesía y que aguarda de modo impasible ante el mar que se los arrebató, recibe milagrosamente el cuerpo del hijo. Rebautizada constantemente por las gentes del pueblo, esta Virgen de los naufragios reúne en torno suyo la trinidad: el cuerpo del Hijo «devuelto» por el mar, la voz del Padre y el Espíritu Santo, encarnado en la gaviota blanca y negra. Esta reunión le permite liberarse del dolor de la pérdida y adentrarse solemnemente en el mar a modo de ritual bautismal o de vida nueva.

El fantasma

La frecuencia con que el mar se erige en metáfora —tumba o cementerio— de ahogados confiere a las historias de la migración un tono espectral, fantasmagórico, que sin duda está conectado con el trauma que experimenta el emigrante clandestino. Las voces de los emigrantes son voces de ahogados, de fantasmas, de náufragos entre la vida y la muerte. Si no son cuerpos barridos a las costas por el mar, son seres sobre los que se cierne una sombra fantasmal. La protagonista de «Finalmente, ¿una oscuridad?» se pregunta: «¿Somos desaparecidos o aparecidos espectros en una historia deformada?» (146). Son muertos vivientes que no se permiten reposo. Sus recuerdos también son como fantasmas; tienen la cara del espectro. El tema de la supervivencia del emigrante cobra así una dimensión más profunda, ya que no sólo se trata de seguir viviendo a pesar del infortunio, sino de vivir después de la muerte, de sobrevivirla. Lo espectral y lo siniestro se sugiere, por tanto, como una faceta de la migración que se presta a un análisis basado en la teoría del trauma o más específicamente la teoría espectral expuesta por Derrida en *Specters of Marx: The State of the Debt, the Work of Mourning, and the New International* (1994) y elaborada por varios teóricos.

Desde esta vertiente crítica, el fenómeno de la migración se situaría en una zona liminal entre lo real y lo imaginario. El emigrante parece condenado a cruzar ese umbral repetidamente, yendo y viniendo del mundo espectral al mundo físico, fenómeno que se dramatiza, de modo notable, en el juego de voces narrativas de *El diablo de Yudis*, «Fátima de los naufragios» y «La mujer sin cabeza». En *El diablo de Yudis*, el cuentacuentos repite en la plaza la historia del elusivo diablo de Yudis —fantasma por excelencia— para exorcizar quizá el recuerdo de su trauma como emigrante. En «Fátima de los naufragios», el ritual final (otro acto repetitivo) le permite a la mujer mora no seguir torturándose con el recuerdo doloroso de la muerte de su hijo y su marido. Y en «La mujer sin cabeza», la voz de la ahogada —espectro, ya que se trata de alguien *no* muerto— rompe el orden temporal para pedir a su madre que le cierre los ojos. Este final sin cierre, sin clausura, sin ritual que permita llorar y sepultar a los muertos, es una anticipación concreta de una muerte que nunca llega, quizá porque ya se ha pasado el momento de ser realidad. Los tres relatos remiten al trauma de la migración, que sólo se puede curar mediante alguna acción recurrente —contar historias, bautizar, enterrar— que facilite la recuperación de la conciencia. Por lo que estas historias de migración pueden verse como el umbral al mundo espectral de los fantasmas que regresan, una y otra vez, con insistencia fantasmal, como un mal recuerdo o una pesadilla. Conectan también al inmigrante árabe con el fantasma del «moro», imagen recurrente en la historia española y de modo particular en la literatura bélica (cf. Rueda 2006: 147-168). Un buen ejemplo es el microrrelato «Kamal» de Federico García Fernández.

Algunas de estas historias se asemejan a tesoros escondidos que están esperando ser sacados del fondo del mar para salir de su intemporalidad y poder recuperar la memoria, el tiempo de los que habitan este mundo. En este sentido, la escritura y la lectura, que conjuran la presencia de dichos fantasmas a través del acto también repetitivo de leer y escribir, tienen un poder regenerador; el de resucitar el tiempo y devolvernos al mundo de los vivos.

b) Identidades fronterizas

El tropo de la frontera

En la literatura actual sobre la inmigración, el Estrecho de Gibraltar es la frontera física y política entre Marruecos y España; un muro de agua fuertemente patrullado pero que a la vez permite una fluidez de la que las mafias se aprovechan. Es también la brecha cultural o cicatriz sin cerrar entre El Magreb y Europa. Y como metáfora marina, el hilo del que pende la vida y la muerte.

Según la literatura hispano-marroquí, que se aleja de las historias catastróficas de las travesías en pateras, asistimos a otro tipo de personajes fronterizos, cuyas identidades se van configurando de forma fluida, a través del contacto con españoles y con otros inmigrantes. La exaltación del mestizaje en un sentido amplio, que abarca incluso las formas literarias, le ha llevado a Mohamed Abrighach a afirmar que nos encontramos ante «una nueva aljamía literaria», entroncada con la tradición morisca medieval (2006: 86).[32] Es precisamente a partir de la alteridad —cómo le ven los otros y cómo se ve a sí mismo, qué ventajas y qué desventajas le proporciona el asimilarse— como el emigrante va definiendo su identidad en el proceso de asimilación o integración. La identidad propia la irá construyendo paulatinamente a través de constantes negociaciones dirigidas a la adaptación al nuevo medio. Como señala Nasima Akaloo, «Entre asimilarse a lo nuevo, cambiar de identidad y resistir forzando lo propio, existe una infinita y continua gama de dialécticas» (s.f.: 1). «Cruce de civilizaciones», de Ángela Vallvey, amortigua la idea del choque de civilizaciones, tan prevalente en el discurso sobre la migración, favoreciendo un «cruce» biológico de civilizaciones que, con humor y sin patetismo alguno, evitará los peligrosos y dramáticos viajes en patera a generaciones futuras. En *Donde mueren los ríos*, Antonio Lozano revela las relaciones que establecen unos emigran-

[32] Por «aljamía» se entiende un texto morisco en romance, pero transcrito con caracteres árabes; también es el nombre dado por los antiguos musulmanes a las lenguas de los cristianos de la Península.

tes con otros de diversa procedencia africana: de ese modo, se sigue la trayectoria de cada uno de ellos a través de las negociaciones que llevan a cabo procurando no traicionar sus raíces culturales. Las personalidades de los personajes emigrantes, con movilidad entre distintas culturas, están en una posición idónea para superar las fronteras y los límites que éstas comportan.

El emigrante marroquí, que a la vez influye y está influido por su nuevo entorno, se sitúa como personaje en un espacio liminal entre culturas propicio para hacer la crítica de las naciones situadas a ambas orillas o para avanzar el diálogo transnacional hacia nuevas formas de tolerancia. La situación fronteriza del protagonista emigrante le otorga una perspectiva crítica sobre la sociedad que lo recibe así como la que deja atrás. El acto de narrar su experiencia permite cuestionar una amplia gama de temas relacionados con la migración: el abuso del poder, el sistema patriarcal, el colonialismo, el hambre, la emigración española, la prostitución, la xenofobia, el miedo a la diferencia, el racismo, el neoliberalismo, la política discriminatoria, la burocracia infinita, la conveniencia de la mano de obra ilegal, el tráfico humano, la corrupción, las muertes anónimas…, algunos de los cuales se recogen en la selección de obras que sigue. Por ejemplo, tanto la protagonista de «Al-Yaza'ir», de Nieves García Benito, como Fatiha en *Donde mueren los ríos*, de Antonio Lozano, revelan los abusos del sistema patriarcal. La canción «Papeles» de Rosalía Royo denuncia la burocracia «disfuncionaria» que, además de hacer perder el tiempo, se convierte en una nueva forma de esclavitud. El mismo tono de queja se percibe en «Viaje al pasado», de Mohamed Lemrini El-Ouahhabi, donde el emigrante aguanta tres años de interminable papeleo. La dialéctica que facilita la figura del emigrante y la literatura de la migración no puede soslayarse, pues ayuda a avanzar el diálogo sobre todos estos temas que acompañan a la migración.

El idioma

El desconocimiento del idioma del país receptor se constituye a menudo en barrera cultural para el inmigrante, como veremos en momentos de «El lenguaje de la felicidad» o en «Viaje al pasado». No obstante, el bilingüismo y el poliglotismo (berébe, árabe, francés, español) son un arma poderosa para los personajes fronterizos. Un ejemplo cabal lo constituye *Jo també sóc catalana*, de Najat El Hachmi, novela en la que el idioma opera al mismo tiempo como instrumento identificador de la protagonista y también de resistencia contra el rechazo del entorno. El emigrante de *El diablo de Yudis* no sólo estudia inglés para impresionar a su suegro, quien piensa que los chabolistas son un puñado de analfabetos, sino además para poder tener otros horizontes en su vida. El hecho de saber idiomas (español, francés y árabe) es lo que le permite a la marroquí Fatiha en *Donde mueren los ríos*, de Antonio Lozano, obtener un puesto de trabajo en una ONG y escapar de la prostitución. Y la niña protagonista de «El lenguaje de la felicidad», de Abderrahmán El Fathi, descubre en el parque otro lenguaje —el lenguaje universal del juego— que rompe las barreras idiomáticas que la marginan como inmigrante. Sin embargo, la literatura de la migración delata también la falta de voz del inmigrante, ya que sin identidad propia es difícil hablar por uno mismo. «Fátima de los naufragios» dramatiza esto con el silencio impenetrable de la protagonista que siempre mira al mar. Su silencio permite que incluso los vecinos más caritativos proyecten sobre ella identidades dispares, contradictorias, quizá gratuitas, llegando a mitificarla como Madonna o Virgen milagrosa.

El puente cultural

A pesar de los discursos actuales sobre interculturalidad y globalización, el puente cultural entre España y el mundo árabe se presenta en la narrativa sobre la migración hispano-marroquí como una utopía o como una imposibilidad de soldar los lazos rotos de la historia conflictiva que une y separa a estos pueblos vecinos. La metáfora del puente cultural se extiende al papel de los escritores como seres comprometidos con una cuestión humana. No podemos olvidar que estamos ante obras de escritores que rebasan las fronteras españolas y marroquíes, sin pasaporte y sin visados, gracias al mérito de sus obras. Estas obras no surgen de la pluma de sobrevivientes que han pasado en patera,[33] sino de escritores que se enfrentan, si no al peligro real del viaje por mar, sí

[33] Ejemplo de obra con voluntad testimonial, si bien no en un sentido estricto, es *Dormir al raso*, de Pasqual Moreno Torregrosa y Mohamed El Gheryb (1994).

a los desafíos de escribir sobre el fenómeno migratorio en toda su complejidad y sin desvirtuarlo, evitando «el peligro de derivar hacia la romantización de la aventura migratoria, hacia la trivialización del drama humano o hacia la sublimación estética» (Marco Kunz, citado en Akaloo s.f.: 8).

c) Mitificaciones y desmitificaciones en torno a la inmigración

El tropo de la «invasión» árabe

Existe un discurso en torno a la migración que suele recurrir al tropo de la «invasión» árabe con el ánimo de establecer una analogía histórica con el flujo de inmigrantes en España. En virtud de esta analogía, «marroquíes» no se diferencia de «moros» o «musulmanes», lo cual fomenta el que sectores de la población española acaben viendo al inmigrante marroquí como al enemigo tradicional de España. Frente a este discurso, la literatura de la migración tiende a desarticular e invertir dicho tropo. El escritor marroquí Rachid Nini, autor de *Diario de un ilegal* (2002), obra escrita originalmente en árabe y distribuida en forma de crónica periodística, juega con los estereotipos existentes sobre el otro a ambos lados del Estrecho. Cuando un compañero de trabajo le recuerda al protagonista la humillante expulsión del último rey árabe por parte de los Reyes Católicos, éste le responde que los árabes están ahora de vuelta. El español a continuación le rebaja los humos al observar con sarcasmo que nadie invade un país para «doblar la espalda cogiendo tomates» (Nini 2002: 98). A través de diálogos como éste, la migración se desprende de los tintes bélicos asociados con la dominación musulmana en la Península Ibérica y se desmitifica para resaltar la necesidad económica que lleva a la gente a emigrar.

No obstante, ecos de la época dorada del Islam en España perviven en la literatura de la migración, como ocurre en algunos poemas de *África en versos mojados*, de Abderrahmán El Fathi, o en «Kamal», de Federico García Fernández. En este último, un inmigrante de diecinueve años experimenta, en los jardines de La Alhambra, un momento de ensueño que lo transporta al pasado de los árabes en España. El lugar de la acción, Granada, aporta una fuerte carga nostálgica al relato. El sueño del joven se interrumpe de pronto cuando unos *skins* le hacen sentir su xenofobia agrediéndole física y verbalmente: «—¡Dale! Ya me toca los huevos tanto moro de los cojones», instiga uno de los agresores. En general, la presencia del tropo de la invasión árabe se utiliza en esta narrativa como instrumento desmitificador, bien mostrando la incongruencia entre el pasado histórico y el presente actual del emigrante, como ocurre en el relato de Nini, o denunciando lo cerca que está el tropo de convertirse en comportamientos de exclusión y anti-migratorios, como ocurre en el de García Fernández.

El «paraíso perdido»

La literatura sobre la inmigración cuenta con notables excepciones que revelan una visión positiva u optimista de la migración, en la que los protagonistas arriban a buen puerto y logran prosperar: *La Patera* (1998) de Juan José Cano Vera, *Tarifa. La venta del alemán* (2004) de Eduardo Iglesias, «Cruce de civilizaciones» de Ángela Vallvey, incluido en esta selección, y pocos más. Abundan, por el contrario, relatos de tono trágico, de experiencias desgarradoras que cambian las vidas y de anhelos incumplidos. El paraíso propagado por las imágenes de la televisión pronto se descubre como una fabricación del mundo occidental y que la realidad es otra. España o Europa aparecen con frecuencia en el imaginario del personaje emigrante como sueño, fantasía, ilusión que pronto se derrumba cuando descubre las duras condiciones de vida que le aguardan y el temor continuo a ser descubierto y repatriado. Metafóricamente, el paraíso se convierte así en paraíso perdido, y el sueño de prosperar y tener una vida digna en un infierno. Ese «paraíso» es reemplazado por espacios de penalidades y de encierro (la patera, la prisión, los plásticos de los invernaderos) y por sistemas de poder económico y político que los persiguen y esclavizan. La nueva vida a que aspira el emigrante en la nueva tierra de promisión se compara a menudo con el cautiverio o la esclavitud, marcada por la explotación laboral, la indignidad de la vivienda, la ilegalidad permanente y los abusos. *El diablo de Yudis* dramatiza de forma viva la visión de España y de Europa como paraíso perdido, hasta el punto de que la condición de pobre y explotado en una fábrica textil, de la que intenta huir el emigrante, se nos puede antojar al final como preferible a sus experiencias posteriores.

Los autores y las obras seleccionadas[34]

Ahmed Daoudi, El diablo de Yudis *(fragmento)*

Ahmed Daoudi nace en 1965 en Fez (Marruecos), donde se licencia en Filología Hispánica. Se traslada a Madrid para continuar sus estudios y se doctora en las Universidades Autónoma y Complutense de Madrid en 1992. Su estancia en Madrid le acerca a los problemas que viven sus compatriotas y le inspira parte de su novela *El diablo de Yudis*, que publica en español en 1994 y que tuvo una buena acogida en su momento de aparición, si bien su difusión ha sido limitada. Ahmed Daoudi está afiliado al Departamento de Español de la Facultad de Letras-Aïn Chok Universidad Hassan II en Casablanca. No se conocen otras obras de este escritor.

El diablo de Yudis cautiva al lector; al igual que el público que hace corro en la plaza de Bujlud, en el mercado de Fez, éste quedará embelesado escuchando la historia del diablo en boca del narrador callejero y protagonista de la novela. La novela trenza dos historias paralelas que alternan: la del diablo de Yudis, ficción que se inserta en una tradición oral muy antigua como es la del cuentacuentos callejero o *hlaiqi*,[35] y la del propio *hlaiqi*, que remite a una realidad marroquí contemporánea en la medida en que el

[34] Todas las referencias a estas obras se encuentran en la primera sección de la bibliografía. Las referencias a las páginas de las mismas aparecen entre paréntesis en el texto.

[35] Agradezco a Abderrahmane Belaaichi el haberme facilitado aclaración sobre este término como «la persona que cuenta cuentos populares en plazas públicas donde paralelamente se dan otros espectáculos».

cuentacuentos anónimo relata sus frustrados y repetidos intentos por emigrar de su país. Debido a la importancia del marco narrativo de la novela, es preciso destacar algunos de estos aspectos para facilitar la comprensión del fragmento seleccionado.[36]

En cuanto a la primera historia —el cuento del diablo— se trata de una fábula que se localiza en Yudis, isla imaginaria, si bien su líder es un jeque llamado Ibn Manjalí Ilias XXI y los dignatarios tienen nombres árabes, lo cual sugiere un territorio o una comunidad musulmana. Yudis finalmente recibe ayuda del continente de Burwilasch, que envía una expedición militar para defender la isla del diablo, al que deben localizar y eliminar. Sin embargo, éste no puede ser capturado porque parece tomar cuerpo en distintos seres, manifestando en las personas habitadas por él «actitudes anormales» y convirtiéndolos en símbolos de la maldición. El jeque también es misterioso y mítico por sus pocas apariciones en público. Se enamora perdidamente de Yolanda, una excitante mujer a la que encierra en un sótano hermético donde hacen el amor. Un día se descubre que el elusivo diablo habita en el jeque. El endemoniado

[36] Si bien el título *El diablo de Yudis* se menciona con relativa frecuencia en antologías o informes sobre escritores marroquíes que escriben en español, escasean los estudios críticos sobre la obra. Abderrahmane Belaaichi, de la Universidad Rey Saud, Riad, ha estudiado *El diablo de Yudis* (2000: 51-57) desde un enfoque semiológico, y Manuel M. Martín-Rodríguez, de Texas A&M University, lo comenta en su artículo sobre «Aztlán y Al-Ándalus: la idea del retorno en dos literaturas inmigrantes» (2001: 29-38).

jeque queda así sentenciado a un fin dramático: se exilia al continente, mientras los defensores prosiguen rastreando los lugares de la isla más propensos a una posible reaparición del diablo.

El relato del diablo alterna con la historia retrospectiva del hlaiqi, un desposeído que, acuciado por la necesidad y por los deseos de su esposa de obtener lo que otros emigrantes que retornan exhiben, intenta emigrar repetidas veces sin éxito. Primero lo intenta por la vía legal, pero como no puede conseguir los permisos necesarios en Rabat porque es un pobre, emprende el viaje de forma clandestina. De Rabat viaja a Tánger donde le timan y a duras penas consigue ahorrar el dinero necesario para intentar el cruce de nuevo. El fragmento seleccionado para esta edición corresponde al momento en que, tras muchas vicisitudes en Tánger, cruza el Estrecho en una barca pesquera con otros emigrantes africanos. El episodio de la barca a punto de volcar por las olas producidas por un buque mercante en aguas internacionales expresa de modo elocuente la angustia de los inmigrantes que se juegan la vida. Una vez en España, los pasajeros de la barca son apresados por la Guardia Civil y eventualmente deportados. El protagonista experimenta una breve estancia en un hospital donde se siente, aunque sólo de manera fugaz, como «un héroe americano» de película. Empeñado en su idea de trabajar en Europa, volverá a intentar penetrar en España. Sin embargo, ni sobornando a aduaneros corruptos es capaz de superar las trabas que se ciernen sobre los desposeídos que pretenden atravesar la frontera. Sólo consigue que le roben, le encarcelen y le deporten.

En la novela, como también se constata en el fragmento seleccionado, el narrador interrumpe la historia del diablo para contar la suya. una historia de penurias y constantes frustraciones, que explica su destino como narrador de historias a cambio de unas pocas monedas. Los dos relatos no parecen tener nada que ver el uno con el otro y se alternan a lo largo de la narración, según el *hlaiqi* interrumpe su cuento para pedir dinero de sus oyentes o para huir de la policía. Sin embargo, la novela exige que el lector tienda un puente entre ambos relatos. ¿Qué relación guardan entre sí? La clave la tiene, sin duda, el diablo, pero se pueden establecer varias conexiones que traban las dos historias irremediablemente. Veámoslo.

La novela termina con los policías retirando al narrador de la plaza, ya que tienen órdenes de «limpiar» el mercado de gente vagabunda para que no roben a los turistas. El narrador protesta diciendo que él sólo estaba contando la historia del diablo, a lo que le responden: «—Cállate, tú eres el diablo». Al ser identificado el narrador con el diablo en la frase final de la novela, la historia ficticia del diablo de Yudis y las penosas memorias del narrador-emigrante quedan firmemente unidas a nivel narratológico. En la historia del inmigrante, el diablo no se aposenta en el cuerpo del narrador para endemoniarlo, como ocurre con el jeque; al contrario, la novela concluye con que el propio narrador es el origen de los espíritus malignos, el elusivo diablo de

Yudis. Con ello se sugiere que su historia personal como emigrante le persigue al narrador como si se tratase de una maldición del diablo.

Ambas son la historia de una persecución (del diablo, del emigrante) y comparten los mismos *leitmotivs*. Uno de ellos es el sentido persecutorio del personaje, que teme constantemente la llegada de la policía. Tal como los defensores pretenden exterminar al mítico diablo a cañonazos, los policías persiguen sin tregua a los emigrantes. La policía española le persigue como emigrante y, una vez repatriado, la policía marroquí le persigue como cuentista callejero. Con ello la novela sugiere que ambas actividades —trabajar y contar— discurren en el marco de la ilegalidad. Contar para vivir (por unas pocas monedas) o vivir para contar (puesto que el personaje se consume contando su penosa vida) suponen, por tanto, actos subversivos. La voz del marginado y la del cuentista son igual de subversivas, tanto que no pueden sino ser la voz del diablo. El cuentista nunca se libera del arraigado miedo del emigrante a la policía, que sigue siendo una amenaza real en la plaza de Bujlud, y su voz —endemoniada— da a entender que tampoco logra liberarse del influjo maléfico del diablo que perturbaba la paz de los isleños de Yudis. En suma, la historia del diablo es una obra de ficción que se funda en el pacto con el oyente de creer sin ver, mientras que la del emigrante, de hechura testimonial, sugiere lo mismo pero por otro camino: hay que verlo para creerlo.

La invisibilidad es, por tanto, otro de los motivos recurrentes que conectan el cuento del diablo y la historia del *hlaiqi*. En el cuento, la invisibilidad del diablo tiene fuertes implicaciones, ya que tiene que ver con el hecho de que las cosas desaparecen.[37] Estos misterios parecen cosa del diablo, que consigue eludir una y otra vez la expedición militar de Burwilasch dirigida a capturarlo. En el relato del narrador-emigrante, la invisibilidad también figura de modo prominente. Un ejemplo de invisibilidad es el caso del cuñado del protagonista, Tawawan, quien «desaparece» misteriosamente por obstinarse en defender honradamente los derechos de los chabolistas de Tukadi Dos, razón por la que la policía le mete en prisión después de ponerle hachís en los bolsillos y unas muestras que lo comprometen. Como habitante de la misma barriada de chabolas, considerada «ilegal» por las autoridades, a pesar de que el nombre de Tudaki *Dos* sugiere una planificación urbana por parte de los que ostentan el poder político, el protagonista denuncia la vida del chabolismo como una «vida invisible» (67). Como el diablo de Yudis, al que nadie ha visto, la existencia de los habitantes de las chabolas no es reconocida por el Gobierno, que no presta atención a sus problemas de vivienda, aplazando indefinidamente el tendido de luz eléctrica y el saneamiento en las calles. Los chabolistas viven, literal y figurativamente, en la oscuridad. Son como sombras. Las intervenciones de la policía destinadas a «limpiar» la plaza de vagabundos, son un triste recordatorio de que las autoridades no hacían nada

[37] Así, en un cuentecillo que el narrador callejero intercala desaparecen dos mulas, y en la expedición militar de los defensores desaparecen dos tanques de modo paralelo.

por adecentar las barriadas de las chabolas. Es más, sus acciones se retratan como un abuso de autoridad.

La invisibilidad se manifiesta asimismo en la seducción que ejerce la visión del bienestar europeo. Cuando el protagonista sale del barrio descubre otro mundo, el mundo visible y ostentoso en el que otras gentes tienen ropas, televisiones, coches, en suma, «que los que vivían en este mundo eran otros y no yo» (54). La seducción que ejerce esta visión del mundo occidental en el emigrante, sobre todo la insistencia de su mujer en comprar un frigorífico como el que los emigrantes exhiben en el barrio cuando retornan de visita, es lo que le lleva a emigrar. Sin embargo, nunca consigue deshacerse de su sombra de «ilegal» y de su vida «invisible», que lo marcan para siempre. La seducción engañosa del bienestar europeo atrae al emigrante pero desaparece cuando intenta alcanzar su meta. Es una «seducción» porque querer tener una nevera en una chabola que no tiene electricidad no tiene sentido y es «engañosa» porque no se oculta que los emigrantes que regresan pasan verdaderas penalidades para poder volver con los regalos que ostentan triunfantes. La seducción del bienestar que motiva al marroquí a emigrar se convierte así en un acto de prestidigitación por el cual la visión de una vida mejor desaparece, se volatiliza ante sus propios ojos.

La historia personal del narrador-emigrante es, pues, una denuncia de la desigualdad social y la marginación (el chabolismo), la explotación (en una fábrica textil), la perfidia de los medios de comunicación (la televisión), la nefasta ostentación de los emigrantes que vuelven dándoselas de prósperos y la desesperante burocracia (que obliga al pobre —«pobre diablo»— a buscar medios de burlar la ley emigrando sin papeles). El cuento del diablo de Yudis se burla, a través de un despliegue bélico imponente, de la política de países que recurren a la violencia del Estado para solucionar un mal desconocido, misterioso, e invisible que se cifra en el diablo/emigrante. La historia del cuentista-emigrante, marcada por la denuncia de una sociedad injusta con barreras infranqueables de clases, cuestiona el orden establecido y los usos y abusos del poder. ¿Cómo es que un hombre honrado, trabajador, fiel a su esposa y buen padre para sus dos hijos, no puede prosperar y su búsqueda de nuevos horizontes económicos concluyen en la cárcel, la repatriación, la humillación y una penuria aún mayor; mientras que el jeque de Yudis puede tener una esclava sexual y exiliarse una temporada al continente cuando las cosas se ponen feas?

El diablo de Yudis es la historia de un fracaso aplastante. Sin embargo, «el tiempo me perdonó», explica el narrador, «y Dios me dio una larga vida para vivir muchas otras cosas que convirtieron aquel fracaso en una sola página de un voluminoso libro de recuerdos» (121). Contar historias se convierte así en una forma de «vivir al día, sin planes ni especulaciones, ni riesgos, ni confusiones» (121) y en un instrumento de supervivencia. Contar huyendo de la vigilancia de la policía y a cambio de unas míseras monedas es un *modus vivendi* que hace una llamada urgente a que consideremos las condiciones que conducen a la emigración y las decisiones políticas que la regulan. Es también una obra dirigida no sólo a embelesar con el arte de contar sino a lograr una toma de conciencia en el oyente/lector sobre la realidad —desmitificada— que los inmigrantes han de soportar bajo ciertos poderes económicos y políticos.

Elena Santiago, «Finalmente, ¿una oscuridad?»

Elena Santiago nace en Veguellina de Órbigo (León, España) en 1941 y se establece en Valladolid a partir de 1965. Esta escritora, que acaba de publicar una nueva novela (*La muerte y las cerezas*, 2009), cuenta con un amplio repertorio narrativo y varios libros de poesía. Su primera novela, *La oscuridad somos nosotros* (1977), una historia familiar con la Guerra Civil y la posguerra como telón de fondo, le vale el Premio Ciudad de Irún. *Ácidos días* (1980), donde se retratan los pueblos de León que se van quedando vacíos debido a la emigración a las ciudades, recibe el Premio Novelas y Cuentos, con el que consigue entrar en el panorama literario español. Obtiene el Premio Miguel Delibes por su tercera novela, *Gente oscura* (1981). Galardonada con más de veinte premios, destaca sin embargo el Premio Rosa Chacel al conjunto de su obra, el Premio Provincia de Valladolid 1999 a la Trayectoria Literaria y el Premio Castilla y León de las Letras, que se le concede en 2002. Colabora habitualmente en periódicos de Valladolid y en proyectos literarios, y forma parte del consejo de redacción de varias revistas literarias.

Además de las novelas ya mencionadas, ha publicado *Una mujer malva* (1981), *Manuela y el mundo* (1985), *Al-*

guien sube (1985), *Veva* (1988), *Ángeles oscuros* (1998), *El amante asombrado* (1994), *Amor quieto* (1997), y *Asomada al invierno* (2001). Entre sus libros de cuentos se encuentran: *Lo tuyo soy yo* (2004), *Relato con lluvia y otros cuentos* (1987), *Cuentos* (1997), *Un susto azul* (1998), *Sueños de mariposa negra* (2003) y *Olas bajo la ciudad* (2003). Es asimismo autora de cinco poemarios: *Hombres de viento* (2005), *Después, el silencio* (1978), *Ventanas y palabras* (1983), *Valladolid desde la noche* (1998), *No estás* (2001). La narrativa de Elena Santiago se despliega de modo magistral cuando relata las emociones y pasiones íntimas del individuo y cuando muestra la evolución de personajes desvalidos que luchan por salir a flote huyendo de atmósferas asfixiantes y de los conflictos sentimentales cotidianos. Temas recurrentes son: el abandono y la soledad, la angustia existencial, el paso del tiempo y cómo éste imprime las vivencias en la memoria, las pequeñas decepciones de la vida y las grandes frustraciones, y la necesidad del individuo de vivir, salvarse o perdurar. Su obra narrativa acusa un fuerte componente lírico y una depuración de las técnicas narrativas.

«Finalmente, ¿una oscuridad?» se recoge en la colección *Inmenso Estrecho. Cuentos sobre inmigración* (2005), proyecto realizado por Kailas Editorial, cuyos beneficios económicos «serán destinados a la organización Red Acoge para fortalecer sus acciones de apoyo a la inmigración en España». Este relato cobra mayor sentido para el lector familiarizado con la novelística de Elena Santiago, que ya ha tratado la tragedia de la emigración de las zonas rurales de España, en las que el ambiente asfixiante y la carencia de medios de vida pueden conducir a la gente a abandonar un lugar. La autora se centra ahora en la inmigración hispano-marroquí y el cruce del Estrecho en un intento por alcanzar un mundo mejor. El relato, focalizado por la perspectiva de la mujer a bordo de una patera, narra más lo que bulle en el interior de su cabeza que lo que se divisa fuera. Comienza así: «Un enjambre de moscas muy negras, o enjambre de sombras, ha entrado en mi cabeza bullendo dentro, revueltas y alteradas como las olas que me rodean» (255; en esta edición 141). En esta travesía hacia la muerte, la narradora-protagonista permanece con los ojos cerrados y experimenta un hervidero de sensaciones (oscuridad, congoja, entumecimiento, miedo, angustia) junto a otros cuerpos que viajan con ella en el espacio confinado de la patera, que describe como «un gigantesco zapato» (256; en esta edición 142). En él parece que la vida se ha suspendido. En esa noche aterradora, en la mente de la emigrante se entremezclan pequeños y remotos focos de luz esperanzadora: lejanas estrellas de la infancia, alguna mirada de otro pasajero (que describe como «un diminuto faro» 256; en esta edición 142) y la «diminuta semilla» (259; en esta edición 146) que la mujer guarda en su vientre. Finalmente, al término de la travesía, encuentra un haz de luz de linterna, foco de luz en el que cifra su salvación.

Abderrahmán El Fathi, «El lenguaje de la felicidad» y África en versos mojados *(selección)*

El Fathi es un poeta marroquí que escribe en español. Nace en 1964 en Tetuán, donde reside actualmente. Doctor en Filología Hispánica por la Universidad de Sevilla, ejerce como profesor titular de Literatura española en la Universidad Abdelmalek Es-saâdy de Tetuán. Es también profesor de Lengua y Cultura española en la Escuela Superior de Traducción Rey Fahd de Tánger. La problemática de la migración ha inspirado buena parte su obra. Además de su labor como investigador, entre sus publicaciones destacan en particular sus poemarios: *Triana, imágenes y palabras* (1998), *Abordaje* (2000), al que la Embajada de España en Marruecos otorgó el Premio Rafael Alberti de Poesía, *África en versos mojados* (2002), de donde procede la selección poética aquí incluida, *El cielo herido* y *Primavera en Ramallah y Bagdad* (ambos de 2003), y *Desde la Otra Orilla* (2004). Ha sido incluido en diversas antologías de poesía, entre ellas *Arribar a la Bahía* (2000); *Tres Orillas* (2002); *Luces y Sombras* (2002). También cuenta con la obra de teatro *Fantasías literarias* (2000) así como ensayos y artículos periodísticos. *África en versos mojados* existe asimismo en versión musicada gracias a la colaboración de El Fathi con el cantautor ceutí Ramón Tarrío.[38] El cuento seleccionado es inédito.

«El lenguaje de la felicidad» relata la diferida reunión de una niña marroquí con su madre, que emigró tiempo atrás. En su nuevo hogar la niña describe su sentimiento de incomunicación que la separa de los demás niños en el parque; sentimiento del que le salva otra niña «de tez más blanca que las espumosas aguas del Estrecho» (en esta edición 151)

[38] Ver Bibliografía, sección Música.

que la toma de la mano y la integra en los juegos de sus compañeros. El cuento traza, efectivamente, un puente poético a través de un lenguaje no verbal, el del juego, que permite el acceso del niño inmigrante al mundo del que se siente separado.

El Fathi consigna en *África en versos mojados* el destino trágico de la emigración, no sólo de signo marroquí sino africano en general, que se enfrenta a la muerte. No obstante, en medio de la tragedia hay mesura y a pesar de la angustia hay un punto de luz que brilla. El mar es el eje en este poemario. Estos versos «se mojan» en tanto que se calan del compromiso social y político del poeta con la situación de tantos seres que lo arriesgan todo por una vida mejor y, a veces, por una vida a secas, sin calificativos. Los poemas luchan a brazo partido con Andalucía, en una añoranza anticipada por recuperar las conexiones con esta tierra mítica (la Andalucía de los claveles, las saetas y la cosmogonía lorquiana…), mientras que el continente africano se diluye según va quedando atrás: «África se destiñe en su travesía / su ropa llega sola al blanco amanecer» (en esta edición 155). Pero los poemas luchan sobre todo con el mar, que es puente para llevar «caravanas de ensueño» a feliz término o para sepultarlas en la lucha por la supervivencia. De ahí que estos versos sean «mojados», palabra que se hace eco solidario de la situación de los inmigrantes ilegales, también llamados así.

¿Qué une a Andalucía con el norte de África cuando la agonía seca del cargamento humano aguarda el embarque o el abordaje? Las aguas del Estrecho, ¿unen o separan?, ¿cumplen sueños o los fulminan? Como lectores ¿hemos de mirar la superficie del mar, en su estrechez (de 14,4 km que separan ambas costas), o adentrarnos en sus profundidades? ¿Qué reflejos le da este mar al poeta que parece querer llegar al fondo del mismo para desentrañar la escisión actual entre dos culturas que en un tiempo histórico remoto o en un pasado mítico compartieron su esencia? Los poemas seleccionados de El Fathi se instalan en ese precario ir y venir de las olas y los significados surgen de ese flujo y reflujo en el que el poeta bucea en busca de un remanso de paz que el mar sólo puede darle temporalmente. En estos versos líquidos el lector puede percibir ecos del éxtasis y de la desnudez poética de un Juan Ramón Jiménez ante la hermosura del mar (*Diario de un poeta recién casado*), y también ecos de un Antonio Machado cuando la travesía de gentes de África no dejan huella sino una dolorosa estela (*Proverbios y cantares*: «Caminante, son tus huellas / el camino y nada más; / Caminante, no hay camino, / se hace camino al andar…»). Pero estos ecos también evocan al escritor africano Hampaté Bâ, quien nos enseñó que «La vida es el camino» y que emprenderlo es lo que nos permite seguir vivos.

Adderrahmán El Fathi aborda la temática de la travesía o del viaje con voz propia, situándola en un contexto social actual, transcultural e intercontinental. Su voz clama por la libertad del individuo mientras rinde homenaje a los que arriesgan su vida en la travesía del Estrecho. Su obra sirve a su vez como testimonio de un fenómeno literario de gran trascendencia: una literatura en lengua española en el norte de África que rinde homenaje a Al-Ándalus y en la que participan autores como el tunecino Mohamed Doggui y los marroquíes Mohamed Chakor, Mohamed Bouissef Rekab, Mezouar El Idrissi, Dris Jebrouni y Mohamed Lachiri, entre otros.

Nieves García Benito, «Al-Yaza'ir»

Nieves García Benito es profesora del Instituto de Educación Secundaria Almadraba de Tarifa, el núcleo geográfico europeo más cercano al continente africano, y activista perteneciente a la Asociación Pro Derechos Humanos de Andalucía. Publica artículos periodísticos que hacen un llamamiento urgente a la indiferencia española, y europea en general, hacia los inmigrantes provenientes de la costa del norte de África, y a la necesidad de modificar la actual Ley de Inmigración para salvar la vida de cientos de personas.[39] *Por la vía de Tarifa* (1ª ed., 1999) recoge doce relatos suyos sobre la inmigración.[40]

En el prólogo a *Por la vía de Tarifa*, Juan José Téllez Rubio describe la obra de Nieves García Benito como «pa-

---

[39] En «Ni un muerto más en el Estrecho», por ejemplo, la autora habla por la Asociación Pro Derechos Humanos deTarifa para denunciar el número de muertos que aparecen en el Estrecho y exige, entre otras cosas, la derogación de la actual Ley de Extranjería (de abril de 2002, cuyos orígenes se remontan al Tratado de Schengen europeo de 1990) que evitaría las mafias en el paso del Estrecho y el impacto de éstas en los inmigrantes. Papeles. Cristianisme I Justícia (13 de mayo de 2001) <http://www.fespinal.com/espinal/realitat/pap/pap76.htm>.

[40] Utilizo como referencia la edición de Madrid, Calambur, 2000.

rábolas de la vida real, testimonios recogidos en voz baja, confidencias de fugitivos, retazos de frontera y de geografía humana» (10). Cada relato se acompaña de fotografías a modo de documento foto-periodístico, por lo que el uso de técnicas propias de los medios de comunicación arrima la colección de relatos al reportaje. A pesar de ese afán documentalista, *Por la vía de Tarifa* borra las fronteras entre realidad documentada e imaginación ficticia. Tres de los cuentos, «Cailcedrat», «Gabriela» y «Al-Yaza'ir» parecen casos en ékfrasis, es decir, la descripción literaria de una imagen pictórica o de un objeto artístico. Como bien apunta Mohamed Abrighach en *La inmigración marroquí y subsahariana en la narrativa española actual* (2006) al referirse a estos relatos, «la literatura puede convertirse en realidad vital y, viceversa, en una relación dialéctica de vasos comunicantes», característica del realismo posmoderno en su rechazo del formalismo experimentalista y estetizante (93). En otras palabras, el resultado es una obra que funde ficción y realidad, la pasión por narrar y la verdad de unos hechos.

A «Al-Yaza'ir» se antepone la fotografía de una patera hundiéndose en el mar. Se asemeja sin duda a una isla, que es como llaman a la protagonista, Al-Yaza'ir, por su tendencia a aislarse de la gente: «Me llaman Isla, pero por lo que me ha pasado más bien parezco un arrecife» (99; en esta edición 159). Lo que ha experimentado Al-Yaza'ir, cuyo nombre es Zuhara o Al-Zuhara, está contado en primera persona por la joven emigrante, que no sabe escribir. Por tanto, el lector ha de deducir que alguien ha grabado o transcrito sus palabras a modo de testimonio. La joven, encerrada en la casa de su padre, dialoga con las paredes. El único contacto humano que tiene es con Karim, un niño vecino que por las tardes da tres golpecitos en la pared y ella le responde. Aislada (a-isla-da) del mundo y separada de las mujeres que dan significado a su vida, nadie se preocupa por ella a pesar de que saben su paradero. La motivación para contar el truculento relato surge de su certeza de que va a morir cuando el niño que lleva dentro nazca, tal como le ocurrió a su madre cuando ella nació. Marcada por este destino y por sus horribles vivencias, Al-Yaza'ir es, como la imagen de la patera, una isla que se hunde, o un arrecife batido por las olas y por el sufrimiento.

En cuanto a la trama, su padre, que lleva ya un tiempo en Murcia (España) recogiendo pimientos, llama a Al-Yaza'ir para que se junte con él. A raíz de ese momento, que implica dejar a la abuela en Kenifra, empiezan los problemas para la joven marroquí, que cae en los lazos de la mafia del tráfico de emigrantes y se convierte en un objeto de propiedad que los hombres compran y venden como si fuese una mercancía. A su vez, el relato denuncia la estructura patriarcal de poder, el maltrato a las mujeres y la invisibilidad de las víctimas.

Lourdes Ortiz, «Fátima de los naufragios»

Lourdes Ortiz nace en Madrid en 1943. Es catedrática de Teoría e Historia en la Real Escuela Superior de Arte Dramático desde 1976 y ejerció como directora de 1991 a 1993. Ha compaginado su labor pedagógica con una prolífica labor literaria que le ha dado gran renombre. Escribe en diversos géneros: teatro, ensayo, novela y cuento.

En su vertiente teatral ha publicado: *Las murallas de Jericó* (1980); *Penteo* (1982); *Fedra* (1983); *Cenicienta* (1986); *Yudita* (1986); *Pentesileam* (1991); *Electra-Babel* (1991); *El cascabel al gato* (1996); *El local de Bernardeta A.* (1994); *Dido en los infiernos* (1996); *La guarida* (1999, I Premio «El espectáculo teatral»); *Aquiles y Pentesilea: Rey loco (Las últimas horas de Luis de Baviera)* (1999). Sus ensayos incluyen *Larra, escritos políticos* (1967); *Comunicación crítica* (1977); *Conocer Rimbaud y su obra* (1979); *Camas, un ensayo irreverente* (1989); *El sueño de la pasión* (1998); *Don Juan, el deseo y las mujeres* (2007).

En su obra destacan de modo singular la novela y el cuento, producción que comprende: *Luz de la memoria* (1976); *Picadura mortal* (1979); *En días como éstos* (1981); *Urraca* (1982); *Arcángeles* (1986); *Antes de la batalla* (1992); *La fuente de la vida* (1995, finalista del XLIV Premio Planeta); *La liberta. Una mirada insólita sobre Pablo y Nerón* (1999); *Cara de niño* (2002); y *Las manos de Velázquez* (2007). Entre sus relatos destacan *La caja de lo que pudo ser* (cuentos infantiles, 1981); *Los motivos de Circe* (1988);[41] *Cenicienta y otros relatos* (1991); y *Fátima de los naufragios. Relatos de tierra y mar* (1998), del que se ha extraído para esta edición el relato que da título a la colección. «Fátima de

[41] Reeditados en el nº 2 de esta colección por Nuria Morgado bajo el título *Voces de mujer.*

los Naufragios» ha aparecido también en la antología *Relatos sobre el mar* (2000).

El relato «Fátima de los naufragios» se enfrenta a un tema sórdido, el de los cuerpos de los inmigrantes muertos, y lo eleva a un plano mágico, poético, sublime y transcendente. Fátima, mora de edad indefinible, se pasa las horas, muda e imperturbable, ante el mar con la esperanza de que éste le devuelva al hijo y al marido ahogados hace años durante su viaje en patera. La protagonista recibe varios nombres a lo largo de la narración: la muda, la loca de la playa, la mendiga africana, la chiflada, la maga… Y mientras que para algunos hombres del pueblo la mora es un vago recuerdo de la exótica mujer africana que han conocido en otros tiempos, para la mayoría es la Macarena, Virgen de devoción sevillana, la Virgen del Carmen, patrona de los pescadores, o «la moreneta», como se conoce popularmente a la Virgen de Montserrat, patrona de Cataluña, de tez oscura: «Tiene la mismita cara de la Macarena, una Macarena tostada por el sol […]. Es […] la Macarena de los moros» (7; en esta edición 171). Fátima se erige así en una figura híbrida por excelencia. La figura física de Fátima es un pararrayos de los deseos, fantasías y temores de otros. Y su inquebrantable silencio opera como una tabula rasa sobre la que los del pueblo, los turistas y Mohamed, un joven sobreviviente de un naufragio de patera, pueden proyectar sus fantasías mundanales y también atribuirle un valor místico y religioso. Reaccionan trayéndole comida y mantas, como harían con un necesitado, o con una divinidad, a modo de ofrenda.

Unos suponen que debe de ser bruja o fantasma, o espectro de la muerte, por haberse salvado del naufragio; los más la mitifican como Virgen o santa salida de las aguas (14; en esta edición 179). A su vez, las gentes de este pueblo de pescadores entienden bien la inclemencia del mar y el dolor de la mujer, que viene a representar sus propios temores y pesares, por lo que se muestran hospitalarios, aunque también mantienen su distancia.

Un día, los del pueblo descubren a la mora con un niño desmesuradamente grande en su regazo y, a partir de ese momento, tanto los incrédulos como los creyentes convierten a Fátima en «Virgen de las pateras, nuestra señora de los naufragios» (20; en esta edición 187). Esta Virgen Macarena, esta Pietà con un Cristo africano entre sus brazos, constituye una mezcla de símbolos cristianos y referencias culturales que crea una imagen de hibridez, un esperanzado o milagroso encuentro entre dos culturas incomunicadas. El relato concluye con un ritual de solemnidad cristiana en la playa cargado de referencias bíblicas, en virtud de las cuales el dolor causado por las muertes anónimas del hijo y el padre —y sus desaparecidos cadáveres— cobran un significado transcendente.

El silencio de la «mora» se presta, sin duda, a múltiples interpretaciones. ¿Qué ocurre cuando el otro o el subalterno se niegan a hablar? Daniela Fresler explica su silencio como una forma activa de evadir los estereotipos que recaen en quien es percibida como diferente y de ejercer su derecho a llorar la muerte de sus seres queridos: «Her silence and immobility become, paradoxically, instruments for agency: through them, she avoids the town's attempts at controlling her and fixing her in a stable position of otherness» (2008: 191).[42] Si bien el silencio de Fátima puede ser arma de resistencia, como sugiere Flesler, también la convierte en una tabula rasa sobre la que los lugareños inscriben una mitificación moldeada por ellos y traducible a su sistema simbólico-religioso. La riqueza simbólica del relato no es reducible e invita al lector a proponer múltiples interpretaciones.

Federico García Fernández, «Kamal»

Lavapiés. Microrrelatos (2001) es una antología de la editorial Opera Prima, que tuvo la iniciativa de formar un volumen con las obras de treinta y cinco autores, españoles y extranjeros, acerca del barrio multirracial y multicultural de Lavapiés, uno de los barrios antiguos de Madrid y en origen el de la judería, que fue poblado por inmigrantes de distintas zonas de España, sobre todo rurales. Hoy día, los vecinos que llevan viviendo en Lavapiés toda la vida conviven con gente joven y con inmigrantes de muchas nacionalidades, mayoritariamente marroquíes y chinos, por lo que Lavapiés se ha convertido una vez más en un barrio único, capaz de absorberlo todo.

La antología recoge obras de autores destacados en el mundo literario, entre ellos Benjamín Prado, Lorenzo Sil-

[42] «Su silencio y su inmovilidad se convierten, paradójicamente, en instrumentos de resistencia: a través de ellos, ella evita los intentos de los lugareños de controlarla asignándola una posición fija de otredad.»

va, Alfonso Sastre, José Luis Sampedro, Jorge Consiglio, y otros menos conocidos por el público lector, entre los que se encuentra Federico García Fernández. La antología no aporta datos sobre sus colaboradores; no obstante, la brevísima presentación de Antonio Pastor Bustamante sugiere que la intención de esta apuesta editorial es captar la pulsación de la vida de Lavapiés en sus distintos matices: «Lavapiés no existe. Ni siquiera es una idea. Es una sensación. Algo vivo, que huele, sabe, duele y te obliga a definirte, a marcar tu identidad. Por eso aquí, en este libro, no se habla de un único barrio. Ni se escucha una única voz ni un único ritmo. Aquí se respira distinto. Porque la vida, como la literatura, no entiende de proyectos culturales ni de entornos sociales. Aquí se vive y punto» (7). Como no existe, como es «una metáfora de sí mismo», Lavapiés se nos antoja —y ésta es la paradoja— real. Esta multiplicidad de lugares, distintos y alejados, que es Lavapiés es la que la colección imprime en la mente del lector. Y nada mejor que el microrrelato, un género hiper-breve y a contra-reloj,[43] para plasmar con nervio lo que acontece en barrios tan heterogéneos y cambiantes como Lavapiés.

El microrrelato «Kamal» lo protagoniza un marroquí de diecinueve años, de una aldea cerca de Marraquech, que ha

[43] «Un microrrelato», afirma Fernando Valls, «no es un cuento, ni un aforismo, ni un poema en prosa, ni mucho menos un chiste o una frase ingeniosa, sino un texto narrativo brevísimo que cuenta una historia, en la que debe imperar la concisión, la sugerencia y la precisión extrema del lenguaje, a menudo al servicio de una trama paradójica y sorprendente» (2008: s.p.).

emigrado a España. Lleva dos meses en Granada, sin que el narrador en tercera persona clarifique si su entrada en España es legal o no. Ha venido a La Alhambra para admirar la hermosa vista del Albaicín, el barrio árabe. Esta contemplación le trae recuerdos de épocas pasadas en las que los musulmanes habitaban ese territorio. En su ensueño olvida que es un pobre con los pantalones rotos y se ve a sí mismo como un poderoso de Al-Ándalus, el territorio de la Península Ibérica bajo poder musulmán entre los años 711 y 1492, año de la toma de Granada por los Reyes Católicos que puso fin al dominio musulmán en la Península. Según baja la cuesta que atraviesa el bosque de La Alhambra, unos jóvenes rapados o *skins* le cierran el paso, le insultan y le agreden. Sus sueños se rompen en mil pedazos. El relato plantea de una manera gráfica los efectos de la xenofobia y la imposibilidad del diálogo que se remata con un comentario de tipo autorial: «Si la humanidad no hubiera trazado la cicatriz de las fronteras sobre la Tierra, él no sería ahora un cuerpo derribado por el odio de la diferencia» (55; en esta edición 194). El microrrelato confirma la metáfora del Estrecho como «cicatriz» que Juan Goytisolo estableció en su novela *Reivindicación del Conde don Julián*; una cicatriz que no acaba de sanar.

Andrés Sorel, «La mujer sin cabeza»

Andrés Sorel[44] nace en Segovia durante la Guerra Civil, de padre castellano y madre andaluza. Debido a sus colabo-

---

[44] Los datos biográficos aquí incluidos, así como sus obras publica-

raciones en la prensa clandestina del Partido Comunista y sus corresponsalías de Radio España Independiente durante el franquismo, se exilió en 1971 a París, donde dirigió la revista *Información Española*, destinada a los emigrantes españoles en Europa. La censura franquista prohibió la publicación de algunas de sus obras, no sólo sus ensayos sino también novelas como *Crónica de un regreso*, que a pesar de ser finalista del Premio Biblioteca Breve en 1963, hubo de esperar hasta 1982 para salir a la luz. Tras la muerte de Franco en 1975, Sorel colabora en periódicos y publicaciones de España y Europa y funda el diario *Liberación*. Desde 1984 es secretario general de la Asociación Colegial de Escritores de España y director de la revista *República de las Letras*.

Sorel es un autor muy prolífico con una obra que conlleva una fuerte carga política. Sus publicaciones abarcan cincuenta libros, muchos de los cuales han sido traducidos y publicados en Estados Unidos, Cuba, Portugal, Rumania, Inglaterra y Eslovaquia. Algunas de sus novelas más tempranas incluyen *El perro castellano* (1979) y *Free on board Carolina* (*Como la enfermedad, como la muerte*) (1974). Entre sus obras más recientes destacan: *Iluminaciones. Antonio Gamoneda* (2009), sobre la figura de este escritor; *Jesús, el hombre sin evangelios* (2005), sobre la vida y muerte de Jesucristo; *Las voces del Estrecho* (1999, reeditada en 2000), obra sobre el drama de la inmigración clandestina que hemos elegido

das, se documentan en varias fuentes en línea que pueden cotejarse, a su vez, con la información procedente de la página web del autor: <http://www.andressorel.com>.

a efectos de esta edición; *La noche en que fui traicionada* (2002), historia de una amor frustrado en el contexto de la Guerra Civil; *Siglo XX. Tiempo de canallas* (2006), obra crítica de una centuria; *Concierto en Sevilla* (1982, reeditada en 2003), novela de intriga que rinde homenaje a Andalucía; *Yo, García Lorca* (2002), ensayo. Además de García Lorca y Antonio Gamoneda, sus ensayos han prestado atención a escritores como Luis Cernuda, José Saramago, Miguel Hernández, Antonio Machado, José Martí, León Felipe, Gerardo de Nerval, José María Arguedas y a figuras políticas como Dolores Ibárruri, Ho Chi Minh y Ernesto Che Guevara. Muchos de sus ensayos tratan también de temas políticos.

«La mujer sin cabeza» pertenece a *Las voces del Estrecho* (2000), obra que ensarta una serie de relatos en torno a una misma temática: la inmigración clandestina en la dimensión fantasmagórica de sus naufragios. El relato seleccionado está contado, en su mayor parte, por una voz femenina en primera persona. Nadiva Mernissi hace repaso a los primeros diez años de su infancia en la ciudad de Chaouen, Marruecos, que recuerda como «los más felices de cuantos viviera» (111; en esta edición 199), si bien más adelante los recuerdos se ensombrecen cuando su madre es abandonada por el padre y la abuela fallece prematuramente. Esto deja a madre e hija sin otros recursos que casar a Nadiva a los catorce años con un pariente mucho mayor que ella, a quien la joven abandona después de diez años de vejámenes para volver con su madre. El punto de vista cambia súbitamente a la tercera persona para subrayar que Nadiva Mernissi interrumpe su narración en busca del aliento que necesita para terminar de contar su historia.

A partir de ese momento la narración de la protagonista se impulsa a través de diversas consideraciones sobre los motivos que empujan a las mujeres marroquíes a emigrar a España y lo que tienen que hacer para sobrevivir y sustentar a sus familias. El hermano mayor de la protagonista comenta:

> —Ya no son mujeres de mala reputación las que emigran, antes sabíamos a qué iban a las grandes ciudades, nosotros los hombres las buscamos, las pagamos y las maldecimos, pero ahora son nuestras propias hermanas, hijas, y si fueran más jóvenes, lo harían nuestras madres. Son los tiempos y las necesidades, que entierran hábitos, tradiciones. No tardarán en cambiar las leyes (117; en esta edición 207).

La prostitución de las mujeres se sugiere de varias maneras en «La mujer sin cabeza» y, de modo sutil, en el detalle de que el hombre que le facilita a Nadiva la huida tenía a su madre «agarrada por la cintura» (122; en esta edición 214). La madre, que ha facilitado un matrimonio desafortunado para su hija, rectifica su decisión anterior intentando liberarla de la ley islámica que ampara la reclamación del marido de que vuelva junto a él en caso de denuncia a la policía por abandono de hogar. Decide así apoyar su rehabilitación social y económica lejos del marido, dándole finalmente sus ahorros para que emigre, a pesar de que esto amenaza con convertir a su hija, o convertirse ella misma, en una «mujer impura».

La huida de Nadiva se quiebra prematura y definitivamente cuando naufragan y la hélice de un barco la decapita. Sólo al final se percata el lector de que la voz de la narradora surge desde el otro lado de la muerte. Es la voz de una ahogada; una voz conturbada, fantasmagórica, un alma en pena que no puede alcanzar el reposo de los muertos.

La voz de la protagonista se suma a otras voces, recogidas por Abraham, el narrador de *Voces del Estrecho* que acude a Zahara de los Atunes en busca de las historias de los emigrantes ahogados en el Mediterráneo. En conjunto, la obra ofrece al lector una polifonía de testimonios y de lamentos de aquéllos que no han llegado a la otra orilla: los ahogados, los muertos, los abandonados, los abusados, los desaparecidos. Dentro de esta temática general, es notorio que las historias que se reúnen en estas *Voces del Estrecho* están protagonizadas por mujeres, por lo que parece existir una clara voluntad de denunciar los abusos y las penalidades que sufren las personas de este sexo. Se trata de identidades desprovistas de otras señas de identidad que no sean las marcas físicas de sus cuerpos; o ni siquiera eso, en tanto que aparecen como fantasmas cuyas voces penan, vagan, amenazan con volver, e insisten en hacerse un hueco en el mundo de los vivos. Con una prosa poética y vigorosa, Andrés Sorel nos acerca al lado más tétrico de la migración para darle al lector conocimiento del alto balance de pérdidas en la travesía del Estrecho y de la inmensidad humana que encierran tantas vidas naufragadas.

Ángela Vallvey, «Cruce de civilizaciones»

Ángela Vallvey nace en San Lorenzo de Calatrava (Ciudad Real, España) en 1964. Es novelista y licenciada en Historia Contemporánea por la Universidad de Granada. Comienza su producción literaria escribiendo obras para un público juvenil (*Vida sentimental de Bugs Bunny* y *Donde todos somos John Wayne*, ambas de 1997) y más tarde poesía (*El tamaño del universo*, Premio Jaén de Poesía, 1998). Su novela *A la caza del último hombre salvaje* (1999) ha sido traducida a dieciséis idiomas; *Los estados carenciales* recibe el Premio Nadal de Novela en 2002 y su novela *Muerte entre poetas* queda finalista del Premio Planeta en 2008. Otras obras suyas incluyen: *Kippel y la mirada electrónica* (1995), *Capitales de tinieblas* (1997), *Vías de extinción* (2000), *No lo llames amor* (2003), *La ciudad del diablo* (2005) y *Todas las muñecas son carnívoras* (2006). Además de su labor como escritora, es colaboradora habitual en radio y televisión, y contribuye con sus escritos en diarios y revistas.[45]

«Cruce de civilizaciones» se publica en *Cuentos de las dos orillas II* (2006), editado por José Monleón, gracias al Programa Al Mutamid, Agencia Española de Cooperación Internacional del Ministerio de Asuntos Exteriores y de Cooperación, publicación que expande el legado iniciado por

---

[45] Para más información, ver su página web, <http://www.angelavallvey.com>.

Cuentos de las dos orillas (2001). El relato de Vallvey tiene el encanto de que es capaz de encontrar en las experiencias dramáticas de la migración espacio para la ironía y el alivio que trae consigo el humor. Quien narra, en primera persona, es la joven de diecisiete años María Richel, la pequeña de cinco hijas que viven con la madre, la abuela materna, la perra (a la que ponen el nombre de una vecina, Carmina Soto, lo cual da lugar a un gracioso equívoco en el relato), y el padre, que se maldice a sí mismo por vivir rodeado de mujeres. La vivienda de la familia está encima de su tienda de objetos de segunda mano, en la popular calle de Elvira en Granada. El padre, por quien su hija siente pena, ya que «es como una de esas minorías raciales que no tienen nada que hacer en democracia porque nunca tendrán votos suficientes para hacerse oír por la mayoría» (87-88; en esta edición 220), se desquita emborrachándose y filosofando con su vecino Mohamé, soltero al que se le conocen muchas novias y dueño de la tienda de al lado. El padre comenta con ironía que Mohamé, pudiendo tener la casa llena de mujeres porque su religión se lo permite, «es tan listo que no tiene ni una. Y yo, que soy católico y apostólico y romano, y más tonto que una patata, tengo la casa llena… La vida es injusta se mire por donde se mire» (90; en esta edición 224). Las actividades cotidianas de la familia llegan a un tenso clímax cuando se descubre que una de las mujeres está embarazada de Mohamé. La reacción de María Richel, que no comparte los prejuicios de su familia, es novedosa y refrescante en el marco de las relaciones de vecindad con los «moros».

Antonio Lozano, Donde mueren los ríos
(fragmento: «Fatiha»)

Antonio Lozano nace en Tánger (Marruecos) en 1956 y reside en Agüimes (Gran Canaria, España). Obtuvo la licenciatura en Traducción e Interpretación y actualmente es director del Festival del Sur-Encuentro Teatral Tres Continentes y del Festival Internacional de Narración Oral «Cuenta con Agüimes». Destaca como narrador del género de «novela negra» o detectivesca: su primera obra, *Harraga*[46] (2002) obtuvo el I Premio Novelpol a la mejor novela negra publicada en España y una mención especial del Jurado del Premio Memorial Silverio Cañada 2003 a la mejor primera novela negra, convocado por la Semana Negra de Gijón. Poco después, *Donde mueren los ríos* (2003), seleccionada para esta edición por tratar sobre la emigración desde el ángulo del tráfico de mano de obra ilegal y la explotación sexual, fue finalista del I Premio Brigada 21. *El caso Sankara* (2006) obtiene el I Premio Internacional de Novela Negra Ciudad de Carmona. Otras novelas suyas son: *Mamáfrica* (2002), *Preludio para una muerte* (2006) y *De promisión* (2006).

Ciertamente, el mercado del libro español cuenta en los últimos años con un nutrido escaparate de novelas sobre África de autores de diversa procedencia.[47] *Donde mueren*

[46] El término «harraga», junto como otros como «paterista» o «atún», denota «emigrante clandestino». Ver Glosario.

[47] En los últimos diez años se ha producido una explosión de narraciones, originales o traducidas, que se centran en África. Algunos títulos

los ríos investiga en los asesinatos de dos personajes, Aida, una prostituta senegalesa que «hace la calle» en Las Palmas de Gran Canaria, y Bubacar, delincuente de un grupo organizado en el que participan los dueños de grandes empresas explotadoras de los emigrantes. Resolver el misterio de ambas muertes constituye la trama «negra» que permite juntar a varios personajes de origen africano en un sutil juego de voces narrativas y en un orden temporal no cronológico. La novela ahonda en las redes que se tienden a los emigrantes para denunciar el tráfico de mano de obra ilegal en España. Su ubicación en las Islas Canarias llama la atención sobre el otro enclave de la geografía española que, junto con Andalucía, recibe a diario más inmigrantes en sus costas.

Donde mueren los ríos es también la historia de unos personajes que, perdidos en un mundo ajeno, encuentran momentos de amistad, solidaridad y amor: Amadú, profesor de Sierra Leona; Usmán, huérfano de Uagadugú;[48] Tierno,

---

son: *Imperio de arena* (1998) de Jesús Torbado; *El palacio de los vientos* (2000) de Luis Ángel Paladini Turullo; *La llamada del almuédano* (2002) de Concha López Sarasua; *Diario de un ilegal* (2002) de Rachid Nini; *El rosario de Mahoma* (2004) y *Ramito de hierbabuena* (2001), ambas de Gerardo Muñoz Lorente; *Una voz en África* (2004) de Alejandro Becos; *Vagabundo en África* (2006), *El médico de Ifni* (2005), *Los caminos perdidos de África* (2003) y *El sueño de África* (1996) de Javier Martínez Reverte; *Los hombres que caminan* (2005) de Malika Mokeddem; *Aixa, el cielo de pandora* (2007) y *La señora* (2006), ambas de Mohamed Bouissef Rebak; *Ngawande: La tierra, el viento, la caza* (2007) de Juan Mendoza; *El metro* (2008) de Donato Ndongo; *Búscame en África* (2008) de Blanca Álvarez; *Despertar en África* (2008) de Francesca Marciano; y *Princesa de África* (2009) de Sonia Sampayo.

[48] Uagadugú (Ouagadougou en francés) es la capital de Burkina Faso,

joven pastor peul[49] de Bandiágara;[50] y Fatiha, prostituta marroquí que trabaja en un ONG y acaba convirtiéndose en la Sherlock Holmes que resuelve el misterio del doble asesinato.

La selección corresponde a uno de los capítulos tempranos de la novela que relata la historia de Fatiha y qué la con-

país interior de África occidental que limita al noroeste con Malí, al noreste con Níger, al sur con Costa de Marfil, Gana, Togo y Benín. Antes llamada Kombemtinga, se convirtió en capital con el nombre de Uagadugú tras la conquista de la zona por parte de los franceses en 1896. Uagadugú fue capital de la independiente República del Alto Volta, que el presidente Thomas Sankara renombró Burkina Faso en 1984. El nombre Burkina Faso denota «la patria de los hombre íntegros» en la lengua mossi, dato definidor del personaje de la novela. Según Wikipedia, un elevado número de trabajadores rurales emigran a Costa de Marfil y Gana en busca de trabajo. Cf. <http://es.wikipedia.org/wiki/Burkina_Faso>.

[49] Los peul, también conocidos por otros nombres (fulani, denominación inglesa; toucouleur, denominación francesa; fulbe, nombre de la etnia) son un pueblo de origen desconocido que habita en África occidental, sobre todo en Nigeria, pero también en Malí, Guinea, Camerún, Senegal, Níger, Burkina Faso y otros países. De piel más clara que las tribus vecinas, se ha especulado sobre su origen caucásico. Los peul, tradicionalmente nómadas dedicados al pastoreo de ganado, establecieron rutas en África occidental que incrementaron paulatinamente los lazos económicos y políticos entre diversos grupos étnicos. Hoy en día son fundamentalmente nómadas y comerciantes. Fueron uno de los primeros pueblos en adoptar el Islam como religión y forma de vida, que diseminaron por extensas zonas de África central y occidental. El imperio peul o fulani tiene su momento cumbre en el siglo XIX, hasta comienzos del XX, y se centra en el norte de Nigeria. Más en: <http://ikuska.com/Africa/Etnologia/Pueblos/Fulani/index.htm>.

[50] El acantilado de Bandiágara, de gran belleza natural, se encuentra en Malí, país de África occidental. Los dogons se instalaron en la zona huyendo de la islamización de Senegal.

dujo a la prostitución. Más adelante en la novela, en textos que no se recogen en esta edición, explica:

> Nada más llegar a la ciudad [Las Palmas] me di cuenta de que más tarde o más temprano tendría que hacer la calle, como dicen aquí. Sin permiso de trabajo, sin conocer a nadie, y encima mujer y marroquí. Bingo. Algún beneficio le tendría que sacar a este cuerpo que Dios me dio. Un año antes me habría parecido imposible; antes muerta. Pero me pilló la cosa tan asqueada de la vida que me lo tomé como una venganza contra todo: mi familia, mi novio, mi marido, mi religión (51).

A pesar de su triste historia, o más bien debido a ella, Fatiha se convierte en un personaje fuerte, inconformista y luchador que logra remontar su infortunio.

Fatiha es a heroína de la novela. «Hace la calle» por necesidad, pero pronto cambia de vida gracias al Centro de Acogida de Refugiados, de la ciudad de Vecindario. Allí la animan a que se matricule en la Universidad en Trabajo Social y, gracias a su conocimiento de tres idiomas, árabe, francés y español, se pone a trabajar recomponiendo las vidas de otros. Aunque sus experiencias tremendas la marcan de por vida, Fatiha aprende ayudando a otros y evoluciona: «Mi vida se iba ordenando, y eso me ayudaba a procurar cierta paz interior. La búsqueda de la felicidad había quedado atrás, muy atrás» (56). Cuando su amiga Aida es asesinada, Fatiha decide ahondar en las redes del tráfico sexual para averiguar quién la mató. Su amistad con Aida le lleva a involucrarse en esta peligrosa búsqueda, acción que también emprende por ella misma: «Necesito saber que no me vuelvo a quedar parada ante la injusticia» (128).

Fatiha es la única emigrante marroquí de la novela, pero importa destacar que acaba relacionándose con los otros emigrantes africanos, de Sierra Leona, Liberia, Senegal, Gana, unidos por la complicidad y el hecho de que comparten situaciones extremas de la vida (123). Todos ellos aspiran a la oportunidad de iniciar una existencia digna y están dispuestos a trabajar bajo durísimas condiciones para lograrlo. Empiezan desde cero, con todos los elementos en su contra, y a pesar de sus esfuerzos, se encuentran atrapados, «prisioneros de nuestra propia ilegalidad» (99). Uno de ellos comenta su desesperada situación: «Nos atan de pies y manos hundiéndonos en el vacío administrativo: no somos nadie. Si no hay papeles no hay identidad, si no hay identidad no hay derechos» (130). Sus únicos recursos son: su férrea determinación por sobrevivir o ayudar a su familia; el rico legado de las tradiciones africanas (Amadú cuenta historias aleccionadoras y recurre al escritor Hampaté Bâ como mentor espiritual; Tierno ofrece refranes y la sabiduría de los nómadas peul; Usmán se aferra a la integridad del pueblo mosi); y, finalmente, la risa como arma frente a la desgracia.

Fatiha representa mejor que ningún otro personaje en la novela el inconformismo con los abusos de los inmigrantes y el espíritu de lucha. Con la colaboración de Amadú, que ha sido injustamente acusado del asesinato y encarcelado, Fatiha descubre que el grupo de delincuentes que controlaba a Aida es también el que controla a los trabajadores ilegales en los invernaderos de tomates. Es así como encuentra al culpable. Con Amadú no sólo desarma la red de tráfico humano sino que también descubre la ternura que el destino le ha negado. Aunque no es un final completamente feliz para Amadú, que es repatriado de nuevo, procuran reemprender su camino hacia una vida mejor.

Najat El Hachmi, Yo también soy catalana/Jo també sóc catalana *(fragmentos)*

Escritora nacida en 1979 en Nador (Marruecos), se traslada a España en 1987. Se licencia en Filología Árabe por la Universidad de Barcelona y se establece en Cataluña. Actualmente porta DNI español. Aunque su lengua materna es beréber, de tradición oral, la primera lengua en que recibe instrucción académica y con la que se identifica es la catalana. Publica en 2004 la novela *Jo també sóc catalana* (*Yo también soy catalana*; no traducida aún al castellano).[51] En 2008 obtiene el Premio Ramón Llull de novela, el más prestigioso de las letras catalanas, por *L'últim patriarca*, traducida por Editorial Planeta con el mismo título, *El último patriarca.*

La selección incluida en esta edición corresponde a *Jo també sóc catalana*,[52] novela con fuertes elementos autobio-

[51] La traducción al castellano de las citas y de los dos fragmentos seleccionados es de Sílvia Roig-Martínez. Sus aclaraciones sobre aspectos concretos del catalán han contribuido también a afinar nuestra comprensión de detalles particulares del texto y de la novela en general.

[52] Los episodios corresponden a los capítulos 1 y 2 de la novela, titulados «Les llengües maternes» (Las lenguas maternas) e «Identitat fronterera» (Identidad fronteriza) respectivamente.

gráficos, pero que no puede confundirse con unas memorias. La exploración de la interioridad y las experiencias reales vienen envueltas en la ficción y mediatizadas por el acto de escribir. En palabras de la autora se trata de «una espècie d'híbrid transgenèric» (13; una especie de híbrido genérico). Literariamente hablando no estamos, por tanto, ante una autobiografía a secas, sino ante un caso de autobiografismo.[53] De modo paralelo, la categoría de la hibridez se sitúa, culturalmente, más allá de las dicotomías que separan lo autóctono de lo foráneo. Las obras como ésta invitan al lector a un planteamiento que rechaza las barricadas culturales y lingüísticas a favor de un concepto de cultura más fluido y del que tanto la cultura de un lado del Estrecho como la del otro pueden beneficiarse.

La protagonista de esta novela ni se queda estancada ni pierde la vida en el Estrecho, sino que revela una firme voluntad de integrarse al país adoptivo a través de un proceso de aculturación que le permite tender nuevas redes sociales. Es una narración de asentamiento permanente —tanto, que lo que la protagonista teme es volver a Marruecos y no encontrar a ciertos familiares, no reconocer lugares, olores, esencias—. El pasado en Nador se convierte en un lejano recuerdo, un retorno imposible: «Potser per això ja

[53] Es decir que, a diferencia de la autobiografía, aquí no se requiere el llamado «pacto autobiográfico» o contrato de lectura mediante el cual «el lector asume previamente la verosimilitud de un contenido real en la obra literaria, por existir identidad entre autor, narrador y personaje» (Magallanes Latas 1996: 77).

no m'urgeix tant viatjar a l'altra banda de l'Estret, sempre hi ha excuses: la feina, els exàmens, etc.» (195; Quizá por eso ya no me urge tanto viajar al otro lado del Estrecho, siempre hay excusas: el trabajo, los exámenes, etc.). Desde su experiencia como hija de inmigrantes marroquíes que se establecen en Vic, la protagonista se centra en sus vivencias en Cataluña, que poco a poco desplazan los recuerdos de su infancia en su ciudad natal. El proceso representa un reto para la protagonista, que va forjándose una identidad que se separa de las tradiciones de sus padres y familiares. La novela describe el conflicto de identidad que le causan las reacciones de los individuos de su entorno: en Cataluña siempre es percibida como una inmigrante, a pesar de su perfecto dominio tanto del catalán como de las prácticas sociales al uso; en Marruecos se les antoja como una mujer occidentalizada y distinta de ellos, aun cuando ella procura que no se destaquen las costumbres que ha adoptado. De cualquier modo, la experiencia catalana la marca a ella y a su hijo: «ja no érem els mateixos» (46; ya no éramos los mismos), comenta a su regreso de una visita a Marruecos a ver a sus parientes.

Los dos fragmentos seleccionados para esta edición recogen episodios significativos sobre algunos de los temas que destaca la obra: la cuestión de las lenguas maternas, la sensación de pertenecer y no pertenecer a un lugar, las dificultades laborales de los inmigrantes, los prejuicios sociales, la xenofobia, la situación de la mujer en ambas culturas, el desarraigo cultural, la asimilación de nuevas costumbres. En el primer fragmento, la protagonista observa que cuando le toca a ella el turno en una tienda, el empleado cambia súbitamente el trato amable que desplegaba con la cliente anterior, a quien considera «catalana», y adopta una actitud distinta ante esta otra catalana a quien por su aspecto juzga ser una inmigrante recién llegada. En el otro episodio, la protagonista se da cuenta de que por mucho que se aplique en sus estudios o en sus objetivos laborales, hay barreras insuperables para quien tiene el aspecto físico de una inmigrante: becas que no se aplican a ella, trabas para permisos de trabajo, prejuicios que dificultan el alquiler de una vivienda, etc.

Jo també sóc catalana destaca de modo principal la búsqueda de la identidad a través de los conflictos de una mujer que, impulsada por el rechazo que experimenta en tierra extranjera, forja una nueva identidad sin renunciar al sustrato marroquí. Si bien la obra participa de la crónica testimonial que se adhiere a tantos relatos sobre la migración, se distancia de ella. En el prólogo, la voz autorial esclarece que «m'agradi escriure» (13; me gusta/agrada escribir), proceso que describe como un apasionamiento con el lenguaje. La arraigada pasión literaria de la propia protagonista ve de hecho un obstáculo en la doctrina musulmana tal como se practica en Cataluña. A título de ejemplo, el *refki* se enoja cuando la joven viste falda corta o pantalones en la mezquita de su barrio, restricción que choca con su recuerdo de los ritos musulmanes como misteriosos, mágicos y libres, y que le hace temer que eventualmente trunque su pasión por la escritura: «escriure era explicar mentides, històries que mai havien existit i ja feia dies que ens havia dit que una sola mentida suposava que Déu es negava a escoltar-me durant quaranta dies» (109; escribir era explicar mentiras, historias que nunca habían existido y ya hacía días que nos habían dicho que una sola mentira suponía que Dios se negaba a escucharme durante cuarenta días). Este conflicto entre las prácticas de la religión musulmana aprendida con las mujeres en Marruecos y las que se ajustan a las autoridades musulmanas en Cataluña contribuye a la formación de una identidad individual en la protagonista, que selecciona cuidadosamente aspectos de cada cultura.

De modo paralelo a los esfuerzos de la protagonista por integrarse en una comunidad, podría decirse que, como obra literaria, *Jo també sóc catalana* también ha «cruzado» airosamente el Estrecho convirtiéndose en un caso singular de supervivencia cultural. Tal como la novela traza un arco por encima de las divisiones entre país de origen y país adoptivo, El Hachmi fusiona sus señas de identidad «marroquí-imazighen-musulmana-catalana»,[54] haciéndose camino en el ámbito literario español con su circunstancia personal y su voluntad como escritora. El Hachmi se encuentra en una situación idónea para avanzar el diálogo sobre la inmigración, tantas veces estancado en la barrera del Estrecho. Además, la

[54] Adaptamos el término de Cristián H. Ricci, tal como aparece en «Najat El Hachmi y Laila Karrouch: escritoras marroquíes-imazighen-catalanas en el marco del fenómeno migratorio moderno» (7 de febrero de 2008) <http://baibars.blogspot.com> (última visita: 02-XI-2009).

autora explora la adaptación del emigrante al nuevo medio a través de la relación madre-hijo establecidos en Cataluña, lo cual permite al lector constatar el impacto de la migración en la línea generacional.[55]

El Hachmi escribe, sin duda, como autora catalana por derecho propio. Como ella, la protagonista de su novela rechaza la etiqueta de inmigrante ya que no fue su decisión emigrar a Cataluña, sino que se ha formado allí desde edad muy temprana. Dado esto, ¿qué valor aporta el *també* (también) del título? ¿A qué se debe este énfasis (*també*), que sugiere un valor de añadidura, dentro de la afirmación vindicativa de pertenencia a una comunidad? ¿Indica «jo *també* sóc catalana» un deseo de pertenencia, de rabia por ser el blanco del rechazo y de los prejuicios de ciertos sectores catalanes o acaso la satisfacción de una meta realizada? A su vez, habría que tener en cuenta si se dirige la aseveración a otros o a ella misma. ¿Se emite a voz en grito o *soto voce*, en la intimidad del ser? ¿Es una constatación personal o una declaración pública de que la protagonista es catalana, además de marroquí, imazighen o musulmana? La oración, tan rotunda y transparente a primera vista, adquiere insospechados matices según las circunstancias en que sea pronunciada y el marco de interlocución que el lector quiera imaginar para tan sugerente título.

---

[55] Pérez-Firmat ha forjado el término «generación 1,5» para referirse a aquéllos que llegan de niños al país en el que se insertan como inmigrantes, como es el caso de la protagonista de esta novela. Ver nota 42 de la primera parte del Estudio preliminar.

Najat El Hachmi se convierte en virtud de su novela *Jo també sóc catalana* en exponente de un pensamiento fronterizo y transnacional que nos permite adentrarnos en maneras diferentes de ser, de comportarse, de sentir y de valorar las cosas. Al mismo tiempo, la novela nos permite evaluar los logros de las mujeres de cultura «imazighen-catalana» en el suelo adoptivo a través de sus vindicaciones económicas, legales y educativas. Otra novela que lleva la misma impronta es la de Laila Karrouch, *De Nador a Vic*, también publicada en 2004 en catalán y traducida al español en 2005 con el título de *Laila*.[56]

El hecho de que las mujeres marroquíes se han incorporado de una manera comprometida al mundo literario y de que ya no sea sólo el castellano la lengua de la Península utilizada por los escritores marroquíes, es sin duda significativo. Las escritoras de origen marroquí que escriben en catalán establecen una fuerte fusión entre el tejido cultural del mundo que habitan, el idioma en que se expresan, y la identidad multicultural que surge de esa confluencia de factores. El resultado es una literatura genuinamente transnacional en la que la identidad no viene marcada por el nacimiento sino que depende de cómo se negocia un espacio de convivencia entre la magrebidad y la catalanidad, tanto en el espacio

[56] Esta novela autobiográfica, con un claro énfasis pedagógico dirigido a fomentar la tolerancia con otras culturas, se utiliza en los colegios y, según Cristián H. Ricci, «Najat El Hachmi y Laila Karrouch...» (op. cit.), lleva vendidas ya cerca de diez mil copias —seis mil en catalán y cuatro mil en castellano— (30).

como en el tiempo. En otras palabras, cómo se negocia la convivencia en Cataluña como un ciudadano más, las experiencias dejadas atrás y el porvenir como puntos de referencia de las dos culturas. La protagonista de *Jo també sóc catalana* llega a este momento reivindicativo de ser *también* catalana, donde el «también» es, a pesar de sus múltiples interpretaciones, la marca indiscutible de una nueva identidad. Las complejas negociaciones a las que asistimos como lectores de esta novela son resultado de la migración, que impacta —y éste es un corolario de esta novela— la manera en que el país adoptivo valora las culturas foráneas y las autóctonas.

Mohamed Lemrini El-Ouahhabi, «Viaje al pasado»

Este autor marroquí nace en Ajdir en 1950, se licencia en Ciencias de la Imagen Visual y Auditiva por la Universidad Complutense de Madrid y se doctora en Ciencias de la Información. Es profesor de Comunicación Audiovisual en la Universidad Europea de Madrid y trabaja como periodista y cronista parlamentario en la televisión marroquí. Sus investigaciones se centran en los medios de comunicación en Marruecos. Es conocido por sus documentales televisivos, entre ellos: *Marruecos: un Rey para el cambio*; *Y tú, ¿qué hacías el día que murió Franco?*; y *Lavapiés, barrio abierto*. También ha participado en la realización de una de las piezas del documental *Madrid-11M: Todos íbamos en ese tren*.

«Viaje al pasado» se incluye en *La puerta de los vientos. Narradores marroquíes contemporáneos* (2004), edición a cargo de Marta Cerezales, Miguel Ángel Moreta y Lorenzo Silva. Todos los autores presentados son originarios de Marruecos, aunque sus perspectivas difieren bastante, como es de esperar. El relato de Mohamed Lemrini El-Ouahhabi relata el intento de un emigrante por recuperar el recuerdo de sus peripecias durante los últimos diez años. Todo el material es rememorado. Narrado en tercera persona, el inmigrante está tejido a base de recuerdos, hasta el punto de que la realidad cede: «Durante casi todo el tiempo que duraron sus vacaciones, se sentía como fuera de sí. Andaba por las calles y todo eran recuerdos. Había olvidado aquel bullicio de las callejuelas de la medina[57]» (222; en esta edición 268).

Sus recuerdos están flanqueados por dos desplazamientos: el primer viaje del emigrante en autocar a Madrid, y otra entrada a Madrid, de madrugada, en coche con su primo, para reincorporarse a su puesto en una cafetería donde lleva tres años trabajando. El primero le sirve para recordar su planificado viaje de visita a los suyos en Marruecos durante sus vacaciones después de una ausencia de cinco años; y el segundo para evaluar hasta qué punto las actitudes hacia los inmigrantes han cambiado en la capital española. Este emigrante se embarcó tiempo atrás en Tánger con destino a lo que el personaje concibe como el «*nuevo mundo*» y del que regresa para dar una sorpresa a sus familiares. En el tiempo de la narración, el viaje de regreso actual evoca el otro viaje de regreso a su pueblo de Marruecos. Es importante observar que el emigrante retorna repleto de regalos para sus familiares a pesar de que su jornada laboral es durísima;

[57] La medina se refiere a la ciudad antigua.

tanto que el domingo lo dedica a dormir para recuperarse. Esta temática del aparente bienestar de los emigrantes que regresan, que generalmente no suele corresponder con la sacrificada vida que llevan, es recurrente en historias sobre la migración.

La obsesión por volver al lugar de origen obedece a un asunto personal. Entre los recuerdos del inmigrante está la figura del padre, que después de trabajar casi sesenta años para sacar a su familia adelante, muere sin poder despedirse de su único hijo, por lo que teme que a él le pase otro tanto con su madre y que no pueda despedirse de ella. De ahí que el encuentro con la madre tenga un relieve especial en el relato. Pero el episodio final del relato, se sale del pasado para tomarle el pulso al presente que viven los inmigrantes en España. Se sale también del ámbito estrictamente personal para hacer un comentario social sobre la actitud hacia los inmigrantes. Un policía de tráfico detiene al protagonista y a su primo a pesar de que éste conduce el coche con «un cuidado exquisito» (222; en esta edición 268). El protagonista y su primo marroquí, a los que les falta el permiso de conducir y todos sus papeles, se salvan de una multa descomunal de casualidad y gracias a un pequeño detalle hábilmente planificado: se trata de una pegatina del coche dejada a propósito y que da a entender que su propietario es médico. El incidente alude al recurso, utilizado por algunos inmigrantes, de hacerse pasar por médico, profesor, abogado, o alguien con alto status quo.[58]

[58] *Donde mueren los ríos*, de Antonio Lozano, recoge un episodio si-

Más explícito en el relato es el hecho de que, de alguna manera, los inmigrantes siempre tienen que enfrentarse a la autoridad y que, en su lucha por la supervivencia, se ven obligados a jugar todas las bazas a su disposición. Tanto los regalos para la familia como la insignia de médico del coche aluden a la brecha entre lo que el emigrante debe aparentar y el trabajo que le cuesta que le consideren un ser digno de respeto. Se insinúa que quizá el sacrificio del emigrante es incomprensible para la mayoría.

Rosalía Royo, «Papeles» (canción)

Rosalía, como se la conoce profesionalmente, es una compositora, escritora, guitarrista y cantante. Nacida en Madrid en 1965, de padre español y madre colombiana, es actualmente vecina del barrio de Lavapiés. Ha recibido una educación musical muy ecléctica que enriquece su música. Estudió guitarra clásica en el Real Conservatorio Superior de Música de Madrid y en el año 1994 se graduó en Cal Arts (California Institute of The Arts, Los Ángeles) con una especialidad en Multi-Focus Guitar que le permitió incorporar fuentes de inspiración diversas, tales como la música brasileña y el jazz, así como el solfeo de la India, mientras

milar en el que un «sin papeles» intenta explicar a una pareja de la policía que le pide la documentación que es, en efecto, profesor universitario. Aunque está diciendo la verdad, los policías no se lo creen: «Todos venís con el mismo cuento —me dijeron—. Que si un amigo profesor, que si un médico, como si eso os fuera a salvar. Aquí no hay más que dos posibilidades: o tenéis los papeles en regla y os quedáis, o no los tenéis y a casita. Así que déjate de rollos y no nos hagas perder el tiempo» (129).

participaba en el Gamelán de Bali (Indonesia) y en el African Ensemble, con música de Gana. Asimismo trabajó en música para cine, video, dibujos animados y coreografías de danza contemporánea. Tras seis años de experiencia en EE. UU. y en México, regresa a España y desde 2000 se dedica a interpretar sus propios temas principalmente como solista. Conoce a Eliseo Parra, reconocido músico investigador y recreador del folklore de España, mientras trabaja como coordinadora de Conciertos Didácticos de Músicas del Mundo. A partir de entonces Rosalía se nutre de otra vertiente musical, la del folklore español. En 2006 forma parte del septeto de Eliseo Parra como guitarrista, percusionista y cantante en su gira de 2006 por España, Portugal, Canadá y EE. UU., y al año siguiente actúa con él a dúo en Extremadura. Rosalía sigue trabajando, rescatando y difundiendo la música folklórica autóctona (pandero cuadrado, pandereta, almirez), creando y tocando música para teatro clásico y contemporáneo, así como para otras artes escénicas, vídeo y cine.

Rosalía cuenta con dos trabajos discográficos. En 2002 produce el disco de canciones y arreglos propios titulado *Paradoja* y en 2007 *Nanas Urbanas*, con temas y arreglos originales, para la discográfica Harmonia Mundi. Sus actuaciones revelan una versatilidad musical en la que combina ritmos de distintas partes del mundo que se añaden al sustrato de la música tradicional española.

«Papeles» (2007) es una canción que incorpora ritmos africanos en su melodía, inspirados en los cánticos de unos manifestantes que protestaban en el barrio de Lavapiés, en Madrid, la situación de los inmigrantes «sin papeles». La letra, osada y denunciatoria de la burocracia «disfuncionaria» que encadena a los inmigrantes a una nueva forma de esclavitud, es sólo un soporte para la composición musical, que puede escucharse pinchando en este enlace: <http://www.myspace.com/rosaliaroio>.

Voces hispano-marroquíes

Ahmed Daoudi

El diablo de Yudis

(fragmento)

El diablo de Yudis
(fragmento)

Ahmed Daoudi

Arrancaron los tanques a las seis de la mañana del día siguiente, como estaba previsto. Al llegar a la parte más abrupta, se atascaron algunos tanques entre las rocas y, a pesar de que todo estaba meticulosamente organizado, nadie sabía cómo sacarlos de allí. Salieron los pilotos que manejaban los mandos adicionales, se unieron a los demás soldados y prosiguieron su marcha justo hasta llegar a pocos metros de la cima. Apuntaron con sus cañones el cráter, en espera de recibir la última señal del general.

Mientras ellos esperan la señal [de disparar sus cañones contra el diablo] y ustedes esperan lo que va a acontecer, yo también espero de este corro que algunos me echen unos dirhams[1] en el sombrero. Si les resulta la historia del diablo y de los defensores interesante la terminaré, pero no olviden

[1] Dirham: moneda empleada en varios países árabes. El dirham marroquí equivale a 0,13 USD (1 USD = 7,97 dirhams marroquíes) y a 0,09 € (1 € = 11,28 dirhams marroquíes).

que éste es mi único trabajo, y de él vivimos mi mujer, mis hijos y yo.

—¿Encontrarán al diablo en la montaña?

—Ahora no le diré nada, señor. Yo lo sé todo, hasta el final, pero de momento tiene que esperar hasta que me den para comer este mediodía.

Estoy acostumbrado a que mi corro disminuya cuando les hablo de dinero. Sé que a algunos les fastidia la interrupción, pero si no insisto se olvidarían y acabaría el día sin un céntimo, tal como me ocurrió el primer día. Además, es gracioso ver cómo la gente desaparece en este momento. Deberían entender que yo no estoy aquí sólo para divertirme. Me gustaría relatarles cada historia sin interrumpirla, pero también es preciso recordarles de vez en cuando que necesito su ayuda. Parece que se han enfadado; quizá ahora ya no pueda recaudar más de lo que me acaban de poner en el gorro; no sé si debo insistir. Creo que no conviene. No, me exigirían que continuara la historia; no me perdonarían la pausa que les voy a pedir para comer.

Lo suponía; allí viene la policía. ¡Qué oportunos! Me voy al parque a almorzar. Están deshaciendo los corros y deteniendo a los vendedores ambulantes. No son los de antes. Ahí está Harba, viene hacia mí.

—Vámonos, están cabreados; dicen que esta plaza se ha convertido en una feria.

—¡Qué raro!, no suelen venir a mediodía.

—Ya lo sé.

—Crucemos hacia el parque.

—No llegarán hasta allí.

—Pero, ¿qué pasa hoy?

—Tienen órdenes de limpiar la plaza de Bujlud.

—Dicen que hay muchos ladrones que roban a los turistas.

—¿Adónde vamos ahora?

—Detrás del muro hay una sombra.

—¿Allí no nos detendrán?

—Allí no llegan nunca.

—Yo quiero echar una siesta.

—Yo también.

Tiene razón; nadie nos molestará. Aquí se puede comer y echar una buena siesta. El cabrón de Harba se me ha anticipado; se ha puesto a la sombra. A mí me ha dejado sólo una pequeña parte donde cabe únicamente la mitad de mi cuerpo. Las piernas me las va a asar el sol de mediodía, ¡qué suerte me acompaña en todo momento!

Si hubiera tenido suerte no habría llegado a vivir de esta manera. De haber sido precavido y espabilado no habría dejado mi trabajo en la fábrica textil, sino que habría salido al extranjero antes de casarme con Leuma y antes de que impusieran el requisito del visado. Pensé que todo sería fácil y maravilloso. No sabía que los ahorros de dos años desaparecerían en un día. Cuando entregué el dinero a aquel tipo de Tánger con la confianza con la que se entrega un niño al regazo de su madre, no me imaginaba que aquello iba a convertirse en el trauma de mi segunda infancia. La desgracia no me desesperaba sólo por aquel engaño sucio y cruel, sino por todo lo que mi mujer esperaba de mi valiente y responsable decisión de emigrar al extranjero. Por eso no le conté a nadie lo que había pasado; decidí intentarlo de nuevo y me quedé en Tánger para conseguirlo.

Al cabo de un mes ya había aprendido a sobrevivir. Vendiendo tabaco, ganaba lo que me falta para comerme una lata de sardinas a mediodía y una sopa caliente por la noche. Dormía debajo de las palmeras, enfrente de la estación del tren. No me molestaba el frío de la noche; por suerte era verano.

Poco a poco mi cara empezó a resultar familiar a quienes frecuentaban la zona. Allí se ubicaban las agencias de viaje, el muelle, la estación del tren, las paradas de taxi y autobús, los cafés, los hoteles, los bares y restaurantes, los bancos, los turistas, los viajeros e incluso los vagabundos como yo.

También allí conocí a Babay. Era un joven de unos treinta años que hacía todo tipo de trabajos prohibidos: cambiaba divisas a los que iban y venían del extranjero; tenía las monedas del mundo; vendía también hachís y kifi;[2] me enseñaba las diferentes calidades y me decía que me podía proporcionar ciertas cantidades. Yo no le creía del todo porque le había visto dormir a veces conmigo debajo de las palmeras.

[2] El kifi (kiffi o kif), que se fuma en Marruecos en pipas finas y largas, es una mezcla de tabaco picado y lo que queda de la marihuana después de las extracciones del hachís. Es el consumo de cannabis más aceptado allí socialmente. A Ramón María del Valle-Inclán se debe su poemario *La pipa de kif*, publicado en 1919, cuando los paraísos artificiales adquieren prestigio en el contexto de la modernidad.

No obstante, cuando le encontré una vez cobrándole a un holandés lo que yo nunca había podido contar con mis manos, le creí. Me convencí de que Babay manejaba grandes cantidades, más aún cuando me invitó a comer en un restaurante y a embriagarnos después. Se mostraba muy generoso. Compraba todo lo que encontraba. Quiso invitarme a ir de putas a medianoche, pero yo me negué. Me acordé de que estaba casado. Me pareció que era una infidelidad sucia; mi mujer era más guapa que cualquier prostituta de Tánger. Sin embargo, como él insistió en llevarme al prostíbulo, tuve que engañarle para poder escaparme.

Al día siguiente vino acusándome de desagradecido y de traidor. Le expliqué que no me interesaba todo aquello, que si estaba en Tánger era porque quería cruzar el Estrecho para trabajar en Europa. Entonces se calmó repentinamente, me miró, me estrechó la mano, me pidió perdón y se despidió.

Pasé todo el día pensando en lo que le había ocurrido. Cuando lo vi por la noche buscando un sitio donde dormir, me acerqué a él y le pregunté si ya había gastado todo el dinero del holandés. Me sorprendió al responderme que aquella cantidad no era suya, que era de su jefe y que él sólo cobraba la comisión. Volví a insistir para saber si con el dinero de la comisión no podía alquilar una casa donde pasar las noches. Sonrió. Tardó un rato en contestarme que siempre gastaba el dinero el mismo día que lo cobraba porque le gustaba disfrutar a tope, sentir que la vida es un momento intenso.

Nuestra ansiosa conversación se desvaneció en una callada reflexión, como si cada uno sacara su conclusión. Pero yo no tardé en interrumpirla señalando que los instantes de abundancia en la vida son, desgraciadamente, siempre fugaces. Entonces él rectificó sus palabras diciendo que Dios nos da una larga vida sólo para ver cómo viven los demás y sufrir más.

Aquello no me agradó. Descubrí en Babay un profundo pesimismo que me molestaba mucho. Yo siempre había soñado con progresar, mejorar, llegar allí donde se encontraban los envidiables. Sus palabras hicieron tambalearse mi fe en la vida. No pude resistirme y repliqué:

—No, Dios nos da una larga vida para que tengamos tiempo suficiente de trabajar y de convertir nuestra vida en algo agradable.

Le extrañó el tono de mi respuesta, pero tardó en reaccionar; estiró sus piernas y me miró detenidamente como si pensara que yo era un niño sensible e inmaduro, como si creyera que estaba equivocado de camino. Me dijo amablemente que él había conocido a muchos hombres que habían pasado toda su vida trabajando honradamente y que todavía seguían igual de pobres. Entonces, le repetí lo que le había dicho antes, sugiriéndole que en el extranjero se podría ganar mucho dinero en poco tiempo.

Aunque él se mostró inmediatamente de acuerdo, yo proseguí mi discurso argumentando contundentemente mis ideas. Le hablé de los miles de magrebíes que estaban en Europa y volvían en grandes coches de lujo; le hablé de los gastos que hacían durante sus vacaciones de verano, de los regalos que traían consigo; le hablé de sus maravillosas vidas en el extranjero, y de cómo nos la describían. Le hablé y le hablé, hasta que me interrumpió. Me resumió que si se pudiera conseguir el dinero para cruzar el Estrecho no habría ningún problema.

Entonces me sentí completamente apoyado. Fue la primera noche que pasé en la calle confiado desde que me robaron el dinero que había traído de Fez. Tánger era para mí otro mundo. Un mundo fascinante, donde reinaba[n] la suerte, el azar, la emoción y la fantasía de los vagabundos. Me sentí como si estuviera en la puerta llena de oportunidades, de aventuras y de novedades.

Por ello, se me pasaron los primeros meses sin que me diera cuenta de los días ni de las noches. Pasé del negocio del tabaco al mercado negro de divisas. Babay me enseñó cómo se ganaba vendiendo y comprando a precio del banco. Cambié del descampado a un rincón cerrado. Éramos tres los que pernoctábamos en una casa abandonada como dueños nocturnos. Un policía me avisaba cuando decidían detener a los vagabundos. Babay me aconsejó que invitara al agente cuando consiguiera una buena ganancia.

Se aproximaban los meses de invierno y yo me sentía cada vez más seguro, más decidido a realizar mis sueños. No había ahorrado mucho, pero ya tenía un lugar fijo donde dormir y un negocio para prosperar.

A veces recordaba a mi mujer con una amargura profunda. Ella no había podido contener sus lágrimas cuando me despidió en la estación del tren de Fez: era una separación que sólo Dios sabía cuánto tiempo iba a durar. Cuando abandoné el trabajo en la fábrica textil estaba seguro de que ella iba a ser feliz con el sueldo que ganaría yo fuera. Me hablaba durante los últimos días de la necesidad de mudarnos de Tudaki Dos,[3] de vivir en un barrio decente como vivían muchas familias en Fez. Yo no me imaginaba cómo habrían conseguido aquellas viviendas. Calculaba que mi vida caducaría mucho antes de ahorrar la suma necesaria para la mudanza. A veces me complacía suponer que los que estaban en mi situación eran miles y miles. Pero otras veces me deprimía pensar que mis hijos crecerían en un barrio marginado. Veía que el resultado de mi aventura del campo a la ciudad no había desembocado en lo que esperaba. En el campo vivía el aburrimiento y la soledad. De niño sentía que el lugar donde viviría estaba lejos, en un lugar animado y alegre, en un lugar de trabajo y crecimiento, en un lugar de paz y buena vecindad.

---

[3] En la novela, Tudaki Dos se refiere a un barrio de chabolas en Fez que nunca recibe alumbrado u otros servicios públicos, porque se considera que ha surgido de forma ilegal. Cuando el piso de arriba, que es el dormitorio matrimonial, sufre un incendio al encender uno de los niños una cerilla para poder ver, los habitantes de la chabola no reciben indemnización alguna. El cuñado de Leuma, Tawawan, muere como resultado de sus intentos por lograr una reforma del barrio poniendo tuberías en las casas, asfaltando las aceras, tendiendo cables de alta tensión, solicitando una línea de autobús para el barrio y creando un fondo vecinal para mejorar las condiciones de vida.

Al principio me trasladaba sólo en temporadas de vendimia, sobre todo a Bercan.[4] De allí volvía al campo con ropa nueva y con regalos para los familiares. Aquello era tan insuficiente que no me duraba más de un mes antes de volver a pedir prestado, más aún cuando se aproximaba el invierno. Labrar un pedazo de tierra no era sólo una inversión que dependía irremediablemente de la lluvia, sino también una rutinaria ocupación que no me ayudaba mucho a soportar el peso del tiempo.

Creí que la suerte no me había mentido cuando encontré el empleo en la fábrica textil. Creí que mis problemas se habían resuelto, que mis deseos se habían saciado y que mi vida iba a cambiar para siempre. Con aquel trabajo mantenía a mi pequeña familia. Pero el lugar donde nos cobijábamos estaba amenazado al principio. Me parecía que tener una casa propia, aunque fuera ilegal, era algo imposible, que la legalidad me excluía de sus supuestos, que mi derecho a existir navegaba a la deriva en un mar sin costas.

Era amargo sentirse incapaz de ser un buen padre de familia. No sé cuándo empecé a pensar en el extranjero. Al principio la idea de estudiar inglés se me ocurrió sólo para demostrar mis facultades intelectuales; sin embargo, luego resultó algo muy firme sobre lo cual sustentar mi decisión de emigrar a Inglaterra.

Mis promesas convencieron a Leuma, que me acompañó con los niños hasta la estación del tren. Tuve que vender

---

[4] Posiblemente se refiera a Berkane: localidad del noreste de Marruecos, cerca de la frontera con Algeria.

una habitación, abriéndole otra puerta a la calle, y ahorrar durante dos años para conseguir el dinero suficiente para un viaje clandestino desde Tánger hasta Europa.

Cuando arrancó el tren empecé a recordar lo que me habían contado sobre las organizaciones que se ocupaban del transporte de trabajadores. Había varias; los jefes residían en el norte. Pensaba que en Tánger no estaría más de una semana. Todo se solucionaría rápidamente. No suponía que me iban a robar cuanto llevaba y que iba a pasar todo el invierno en una casa abandonada esperando otro verano.

Babay me infundió confianza con su decisión de emigrar conmigo. Sus negocios peligrosos y sus contactos con traficantes me daban garantías de que nadie se atrevería a engañarme. Nos preparábamos con la más absoluta seguridad de éxito. Una semana antes del viaje, el intermediario que se encargaba de buscar e informar a los pasajeros nos dijo que no se permitía llevar más que una muda en una bolsa. Más tarde Babay me aclaró que no estaba autorizado llevar equipaje ni siquiera otra cosa que pesase, porque la embarcación era pequeña y había muchos pasajeros; permitían llevar sólo algo de ropa para cambiarnos en la otra orilla del mar.

Sabíamos que a medianoche debíamos estar en algún punto de la costa que sólo se fijaba un poco antes de embarcar. Estaba entusiasmado a pesar del inminente riesgo que eludía valorar. Me imaginaba que en la otra orilla del mar estaría la solución a todos mis problemas. Pensé que el dinero que ganaría allí disolvería las preocupaciones acumuladas, tal como disuelve el sol en primavera la nieve del invierno.

Me acordé de mi ex-profesor de inglés. Me hablaba de Inglaterra; me decía que era la cuna desde la que la democracia se había extendido por el mundo. Me explicó que la democracia consistía en respetar y reconocer a los diferentes, sus opiniones, sus ideas, su vestimenta, sus creencias y hasta los que hablaban otra lengua. Me aclaró que Inglaterra se encargaba de defender la igualdad del ser humano en todo el mundo.

Sin embargo, todo eso no era sino una pequeña razón para tomar la decisión de viajar al extranjero. La necesidad económica era la razón primordial. Pensaba que mi mujer desearía tener un hombre capaz de ganar dinero donde fuera, con la única intención de ayudar a su familia.

Mis sueños se vieron realizados el día en el que estuvieron ultimados los preparativos y la cita concretada para la medianoche. No sabía si todo el mundo estaría tan emocionado o sólo yo me sentía tan embriagado de esperanzas y emociones. Me parecía que todo el autobús se dirigía al punto de encuentro para cruzar el Estrecho. Me fascinaba contemplar la costa del Mediterráneo desde la ventanilla del autobús que devotaba los kilómetros sin descanso. Me mareaba pensar en lo que tenía que hacer, y en lo que debía recordar y en lo que… Me repetía el dicho de «el que no se arriesga, ni gana ni pierde», y yo tenía necesariamente que ganar porque ya había perdido mi trabajo.

El mundo de la otra orilla no se veía desde la ventanilla del autobús; sin embargo, cuando empezó a anochecer pude distinguir las luces de coches muy lejanos. Sabía que eran luces en tierra porque los barcos no llevaban dos luces exactamente paralelas y estrechamente colocadas. Babay, que estaba sentado a mi lado, me dijo que aquella tierra era Gibraltar.[5]

Nos acercábamos al pueblo donde teníamos que parar. Yo me sentía, entonces, como un pequeño campeón que se acercaba a un estadio donde iba a enfrentarse con un gran rival. El mar estaba sereno cuando sólo faltaban dos kilómetros. Me iba fijando en la costa y en sus alrededores para que no me sorprendiera nada.

Al bajar del autobús Babay me recordó que faltaba una hora. Eran las once y tres minutos. Andábamos cada uno con su ropa en una bolsa negra. Fuera del pueblo la noche estaba dormida y el mar nos llamaba desbordando sus pequeñas olas. Babay conocía la roca de la cita. Nos dirigíamos a ella con la seguridad de quienes hacen una visita rutinaria a un santuario de encuentros.

En aquel momento me sentía que la verdadera aventura estaba por empezar. Todos mis sentidos se refugiaban en el sueño de conseguir mucho dinero para no palpar el riesgo que iba a correr. Imaginaba que después de llegar a la otra orilla habría un coche esperándonos y en él iríamos directamente a Francia, donde yo trabajaría unos cuantos meses como temporero[6] en el campo. Cuando tuviera dinero suficiente continuaría el viaje a Inglaterra. Allí intentaría

[5] Ver Glosario, «Estrecho de Gibraltar».

[6] Temporero: trabajador destinado temporalmente al ejercicio de un oficio o empleo.

colocarme en un puesto fijo. En cuanto ahorrase cinco mensualidades enteras volvería para comprar una casa o una parcela; volvería en un coche grande; volvería como si hubiera nacido de nuevo, pero con más suerte.[7]

[IV]

A medida que se aproximaba la hora del embarco surgían más viajeros en la costa; parecían sombras que buscaban una señal desaparecida en la arena removida y la espuma desbordada. Merodeábamos alrededor de la gran roca como si fuera la pequeña Meca que nos identificaba como compañeros de un viaje clandestino.

A través de Babay supe que éramos dieciséis marroquís, pero no pensaba que en el viaje iban a participar aventureros de otros países. Además de nosotros, estaban allí varios centroafricanos y otros que no pude identificar en el momento. Cuando llegó la embarcación me enteré de que también había un libanés y varios argelinos, tunecinos y egipcios.

El cabo que nos cobró el dinero era un marroquí rifeño.[8] Habló en su idioma con los dos hombres que iban a dirigir

---

[7] Nótese el patrón del popular cuento de «La lechera», según el cual la lechera hace planes acumulativos en su imaginación en base al beneficio de la venta de la leche que lleva a vender al mercado. Sus planes se vienen abajo cuando derrama la leche accidentalmente.

[8] Rifeño: oriundo del Rif, una de las cuatro cordilleras de Marruecos; también se puede referir a la lengua rifeña o *tarifit*, que es una variedad de la lengua beréber hablada en la región.

el viejo pesquero a la otra orilla. Comprendí que les daba la orden de embarcar. Navegábamos en silencio hacia el interior del mar. Despedíamos la tierra firme con una mirada de esperanza. Hablábamos poco y discutíamos sobre los asientos. Era imposible que sin molestias cupieran cuarenta y dos personas en una embarcación de cuatro metros de largo y dos de ancho. Me pusieron las piernas encima de las mías. Aguanté unos minutos antes de intentar recogerlas. Procuré colocarme lo mejor posible encima de la bolsa negra. Lo conseguí y pude soportar las demás incomodidades.

La luna estaba llena, el cielo despejado y el mar sereno. Mientras la embarcación se adentraba con la velocidad de sus dos motores a toda máquina, la mar se hacía más inmensa a nuestro alrededor, la brisa del verano nos erizaba la piel y la espuma que labraba la embarcación se esfumaba en olor de agua de mar. A veces me salpicaban gotas que no comprendía cómo llegaban hasta dentro. No era yo el único al que le llegaban las gotas, pero nadie comentaba nada. Todos estábamos encogidos, algunos con los brazos cruzados y otros con las manos en los bolsillos: hacía frío.

Dos horas y media después, el encargado murmuró algo en rifeño. Levanté la cabeza para que nos explicase lo que decía. Sin preguntarle le miré fijamente, pero la respuesta me la dio un muchacho que estaba sentado a mi lado. Me aclaró que estábamos saliendo de las costas de Marruecos y que íbamos a entrar en la ruta internacional del Estrecho.[9]

[9] A pesar de la escasa anchura del Estrecho de Gibraltar, hay un intenso tráfico marítimo internacional en sus aguas por su situación estraté-

No me detuve en aquel momento a pensar en el riesgo que conllevaba cruzar en una pequeña embarcación una ruta internacional destinada a gigantescos barcos. Me llamó la atención el muchacho que me había comprendido y contestado. Parecía un muchacho de algún pueblo del Rif que aspiraba a trabajar en el extranjero como yo… Mientras lo pensaba, el cansancio me obligaba a apoyar la cabeza en mis rodillas. Pero el vaivén de la embarcación me impedía relajarme en el sueño que me invadía. A pesar de todo perdí el control de mi alrededor hasta que me sobresaltó un ruido que parecía un terremoto en medio del mar. El encargado paró los motores de la embarcación y nos exigió silencio.

Era como una montaña que flotaba hacia el otro lado de la orilla en busca de otras raíces, un buque comercial que recorría el Mediterráneo en uno de sus viajes rutinarios. El encargado explicó que debíamos esperar hasta que pasase el buque para que no nos vieran sus tripulantes. Pero Babay añadió que si chocábamos contra el barco moriríamos todos sin excepción.

Todos los pasajeros nos levantamos para ver el buque que se arrimaba para enterrar nuestra pequeña embarcación. Algunos pedían volver atrás, otros aconsejaban seguir adelante, pero los dos encargados pidieron silencio, obligaron a algunos a sentarse en sus lugares y aclararon que estaba todo calculado, que no nos iba a tocar el gigantesco barco.

---

gica entre el Atlántico y el Mediterráneo, y entre Europa y África.

Pronto descubrí que unos movimientos debajo del mar hacían tambalear nuestra embarcación, que las olas que desprendía el buque como una falda de lana se acercaban cada vez más, que una terrible tragedia iba a suceder y que el miedo ya no se podía ocultar. «Nos va a volcar», gritó uno de los pasajeros. «Nos va a volcar», pensé yo también. Sentí que estaba asistiendo al final de mi vida. Se lo dije a Babay, que se levantó desafiando al encargado e intentando convencerle de que debíamos volver atrás. Pero no tardó en desplomarse encima de nosotros, en medio de la embarcación; recibió un golpe seco de uno de los dos encargados. Me arrimé a él cuando vi que le sangraba la nariz. Un negro sacó entonces un trapo para contener la sangre.

La contundente represión de los encargados nos obligó a contener nuestras protestas, a seguir sus instrucciones, a elegir entre morir antes del choque o cuando éste se produjera. Todo era posible en medio del mar, en la soledad absoluta, en una situación confusa: los mismos encargados nos podían arrojar al agua.

Me quedé quieto mirando la muerte que se aproximaba, implorando a Dios que me permitiera entrar en su paraíso, recitando en voz baja los versículos del Corán que había aprendido de niño. Pensaba con toda mi alma en el más allá. Intentaba no pensar ni en lo que estaba ocurriendo, ni en lo que iba a ocurrir después, ni con quién viajaba, ni para qué me aventuraba, ni siquiera intentaba especular con alguna posibilidad de salvar la vida. Me parecía que todo era fatal. El poder del destino era implacable. La embarcación bailaba ininterrumpidamente sobre la superficie como si estuviese festejando el sacrificio de las almas que Dios había llamado. No quise levantar la cabeza ni moverme a pesar del mareo que me hacía confundir los versículos que recitaba. Pero cuando un chorro de agua me empapó el torso reaccioné. Eran olas que nos alcanzaban, levantadas por la popa del buque que cruzaba. De repente nos encontramos rodeados de espuma y arrastrados al vacío que dejaba el buque tras de sí. Entonces nuestra embarcación empezó a girar y el encargado arrancó los motores. Pudimos saltar del vacío, franquear la espuma que nos rodeaba y salir del laberinto mortal.

Cuando descubrí que estábamos a salvo, sentí que la vida circulaba de nuevo por todo mi cuerpo, como si me hubiera despertado de una pesadilla para asegurarme de que sólo era un sueño. Empezó a amanecer, y mis compañeros compartieron conmigo la alegría. Algunos habían vomitado la comida de los últimos días y otros se habían empapado por completo; a Babay le dolía la cabeza y a un egipcio le sangraba una pierna. Él mismo no sabía cómo se había dado el golpe; no sintió el impacto en su pierna ni su dolor, hasta que notó un calor húmedo que le empapaba suavemente los tobillos: era la sangre. Entonces se dio cuenta de que era una herida debajo de la rodilla. «¿Una fractura?», se preguntó un tunecino, pero nadie le contestó. Ninguno podía afirmar ni negar nada.

Al final le vendamos toda la parte inferior de la pierna con el trapo de un jersey que nos ofreció el rifeño. El jersey estaba empapado, pero no podíamos hacer nada más que escurrirlo con nuestras manos. Todo lo que llevábamos se había mojado, menos la ropa que guardábamos en las bolsas negras con la esperanza de llegar vivos a la playa para ponérnosla.

Prosiguió la pequeña embarcación abriendo su camino hacia la costa de España. Un lento amanecer nos invadía por el lado derecho. Los encargados volvieron a charlar tranquilamente. Pensé que habían comprobado que no estábamos equivocados de camino. Sin embargo, a las seis de la mañana los encargados detectaron un barco en el horizonte. Parecía inmovilizado, pero la lejanía incitaba a sospechar que se dirigía recto a nosotros. Entonces los encargados cambiaron el rumbo de nuestra embarcación.

Una hora más tarde el barco desapareció; la brisa empezó a remover las olas de la mañana, y el sol descubrió la tierra firme. Estábamos en aguas españolas; por lo menos desde que avistamos aquel barco. Tenía hambre y Babay quería beber agua. Pero nadie llevaba ni agua ni comida. Así lo exigieron los encargados desde el principio. Sin embargo, yo supuse que alguien debía traer algo de comida a escondidas. Lo pregunté a todos, uno a uno. Falló mi suposición; nadie llevaba más que la ropa seca. Minutos más tarde un negro se levantó y empujó a un argelino que le ponía las piernas encima de la cabeza. El argelino volvió a ponerlas de nuevo, porque necesitaba estirarlas y no podía hacerlo de otra manera. Entonces el negro se levantó otra vez, pero más furioso, y aplastó con toda su fuerza la pierna derecha del argelino. Uno de los encargados intervino para calmarles. Sin embargo, otro negro se levantó y sujetó al encargado y lo arrojó al mar. Los implicados en la pelea no cabían en la embarcación, de modo que los dos negros, el argelino y otros cuatro marroquíes terminaron ahogándose en el mar. El encargado, que cayó primero, fue el único que consiguió volver gracias a la ayuda de su amigo, que detuvo la embarcación.

No obstante, la disputa prosiguió en la embarcación entre el encargado y otros que protestaban por no haber ayudado a los que se habían ahogado. Ni siquiera el frío de la mañana y la agitación del mar consiguieron apaciguar a los pasajeros. Las discusiones no terminaron hasta que nos sorprendió un pequeño barco de pesca. Los encargados nos pidieron agacharnos para que no nos vieran. Al cabo de un rato gritaron en español, devolviendo el saludo que les dirigió el pescador. Intentaban aparentar una relativa normalidad. Una normalidad imposible porque nuestra embarcación, claramente marroquí, casi se ahogaba con el peso que llevaba a bordo.

Sin embargo, uno de los encargados se puso nervioso y empezó a discutir con su colega. Sacó dos bidones[10] de cinco litros y los ató con una cuerda. Alguien dijo: «Hachís». Los bidones estaban llenos de droga. Los sumergió en el agua, cada uno por un lado, dejando la cuerda que los ataba al descubierto. Era una medida de seguridad. Además

[10] Bidón: recipiente de cierre hermético para transportar líquidos u otras sustancias.

de aproximarnos con los bidones escondidos, si la policía española nos detenía, bastaría con romper la cuerda con un cuchillo.

Sin duda, los encargados eran expertos en todo tipo de tráfico clandestino. Sabían lo que debían hacer en cualquier circunstancia, pero yo no sabía cómo actuar en caso de encontrar a la policía española esperándonos en la playa. Me horrorizaba imaginar lo que pasaría, máximo cuando recordaba lo que les ocurrió a los que se pelearon con el encargado.

La tierra se veía más cercana; incluso ya se podía distinguir la arena de las rocas. Una alegría intensa nos invadía a todos. Sabíamos que era tierra a simple vista, pero nos fijábamos y nos fijábamos como si estuviéramos asegurándonos de la existencia de algo que podría ser un espejismo.[11] Era la tierra que deseábamos pisar para olvidarnos de todos los riesgos que habíamos vivido. La tierra de la que todos los pobres volvían ricos. La tierra en la que yo decidí, costara lo que costara, convertir en realizables mis sueños.

Era[n] las ocho menos diez minutos cuando se vio un coche en la costa haciendo señales con las luces. Pensé que era las luces intermitentes del coche que nos esperaba para continuar el viaje a Francia. Pero los encargados se pusieron furiosos y cambiaron de nuevo y rápidamente el sentido de la marcha. «Son guardias civiles», comentó uno de los pa-

[11] La costa española, vista como un espejismo, se confirma como tierra soñada o anhelada. A su vez, refuerza el viejo símil del mar como desierto o al revés.

sajeros. Volvimos a agacharnos. La mala sorpresa hizo trizas nuestras esperanzas y detuvo la sangre en nuestros cuerpos. Hubo un momento en que sentí que el corazón se me iba a parar, en el que pensé que la Guardia Civil iba a disparar. La embarcación iba a hundirse...

Un altavoz de la Guardia Civil nos exigía entregarnos. Sin embargo, uno de los encargados nos sorprendió: saltó al mar. Ya no hacía falta agacharse, nos habían visto. Por el otro lado apareció un barco de la policía. Era inútil dirigirse a ningún sitio. El otro encargado se lanzó también al agua. La embarcación bailaba sin rumbo en el mar. Había rocas en medio. Los pasajeros que sabían nadar superaron el miedo al frío del agua y saltaron al mar. Éramos casi diez los que habíamos quedado sin posibilidades de escapar. Como Babay ya no estaba conmigo, preferí entregarme con el resto a la policía antes de que nos descuartizaran los peces en el mar. Nos movíamos según iba la embarcación, sin intentar alterar el rumbo. De repente, un fuerte golpe nos expulsó de la barca. Era una roca que no se veía y que llegó a abrir una gran grieta.

De los demás no sabía nada, pero de mí sabía que me cuidaban los enfermeros de la Cruz Roja en un hospital. Sabía que había muchas cámaras de televisión, que me filmaban como si fuera un héroe americano que llegaba casi muerto tras salvar a la humanidad en una película. Aquel heroísmo era emocionantemente maravilloso vivirlo como una fantasía, pero penosamente amargo recordarlo como una realidad.

Lo que más me preocupaba en aquel hospital era la inexorable repatriación que implicaba la entrega a la policía marroquí. Quizá en aquel momento temía exageradamente a la policía. En realidad me costó mucho tiempo aprender los trucos, comprender las insinuaciones y distinguir cuándo actuaban en serio y cuándo lo hacían de forma rutinaria. Creo que mi atención a los agentes marroquíes no se produjo de forma continua hasta que empecé a trabajar haciendo corros.[12] En la plaza de Bujlud mi contacto con ellos se convirtió en un suceso diario.

Hoy han venido dos veces en una sola mañana. En esta última, en la que me han obligado a arrinconarme debajo de este muro, han venido en serio. Harba, que sigue durmiendo la siesta, me ha confirmado el rumor de que ha[n] venido para limpiar la plaza y detener a los que roban a los turistas. Ahora ya han transcurrido casi dos horas; mis piernas están ardiendo y el resto de mi cuerpo recibe los rayos de un sol en la plenitud de su mediodía.

—Levántate, Harba.

—¿Qué hora es?

—Son las dos y media.

—¿Se han ido?

—No sé, pero debemos movernos de aquí.

—Bueno.

—¡Mira!, se está llenando la plaza.

—Vámonos, rápido, me van a ocupar el sitio.

---

[12] Hacer corros: reunir un público en forma circular para contarle una historia.

—Cuidado, la moto.

—¡Oh!

—Harba, eres un imprudente.

—Dios me protege.

—Estuvo a punto de atropellarte.

—Oye, gracias… me voy a mi sitio… hasta luego.

—¡Que te vaya bien!

—Procura terminar la historia del diablo antes de que vuelva la policía.

Es verdad, tienes razón. Si vuelven en serio no sé lo que pasará; a lo mejor me detienen. Debo darme prisa. Hay poca gente; no importa. No repetiré lo que he contado para no perder tiempo. Empezaré por el punto en el que dejé el relato de la historia de los defensores que ya habían llegado a la cima de la montaña sospechosa.

En la montaña del pueblo de Witwatersrand todo el mundo estaba alerta. Eran las seis cuarenta y siete minutos cuando los soldados apuntaron hacia la gran fosa de la cima. Esperaban la señal de su general para disparar. Tras valorar rápidamente la posición de sus soldados, el general Federico Puertas dio luz verde para atacar al diablo que se escondía allí.

Después de casi una hora de intenso bombardeo, el general dio la orden de alto el fuego. Con los disparos concentrados en lo más hondo y oscuro del cráter, no se produjo ninguna reacción del diablo, ni de vida ni de muerte. La fosa sólo devolvía el eco de los disparos que se enterraban en ella.

Elena Santiago

«Finalmente, ¿una oscuridad?»

«Finalmente, ¿una oscuridad?»

Elena Santiago

Un enjambre de moscas muy negras, o enjambre de sombras, ha entrado en mi cabeza bullendo dentro, revueltas y alteradas como las olas que me rodean. Este rumor de un mar que no se acaba es frío aun estando en agosto. Me salpica y amenaza, pegado a mis oídos saturados.

Inalcanzables estrellas, sin ángeles cerca, observan los abismos del mundo. En la infancia, cada estrella eran ojos de ángeles rompiendo la oscuridad. Hoy, abismos y miedo. Esa multitud de sombras, de congoja, desenvolviendo endriagos amenazantes.

No hay reloj que marque la vida. Estamos en una hora perdida, dentro de un estrecho espacio donde cuesta respirar. El final es tan incierto que ni los dioses lo conocen. Por eso este temblor. Por eso este atasco e incertidumbre, esta duda voluble que envuelve los minutos en oscuridad obstruida.

Sobre mi cabeza, la noche entera tendida. El mar, en este largo y vacilante sueño, es un lugar inhóspito de olas excesivas que no sé si mecen el agua o mi cabeza. Me asomo a un tiempo de locura y esperanza, miserablemente juntas.

Hasta mis cabellos son locos salidos de su sitio. Mi cuerpo arrecido, apresado por un hormigueo que lo arrincona más y más fatigado, entumecido en un rincón imposible. Ignoro, apretada en la estrechez de este disparate que me asfixia, si este revuelo lunático me empuja a navegar por unas nubes perturbadas de tormenta o me encuentro entre olas insensatas donde intento respirar.

Los rostros que me rodean parecen dibujados a manchas, a carboncillo, sin una rendija de claridad. Encogidos sobre sí mismos, mudos, clavados en un susto. Las miradas tras los párpados o abiertas a la angustia. Como bandera, unos nombres y la libertad.

Es la gran aventura. La temida y más soñada aventura de alcanzar en una patera que parece un gigantesco zapato sin pasos la costa de la vida. Es inútil esforzar un gesto más amable, una leve sonrisa, ya que es muy posible la muerte llegando antes que la playa. Esta travesía en un intento de alcanzar un mundo acorde, humanizado, aunque también sea mundo de desgracia y desigualdad.

Nadie compadece a nadie porque somos un grupo desterrado. Somos cuerpos apresados desde la negrura a la negrura. Alguna mirada, como un diminuto faro, guarda su luz diminuta, como estrella inalcanzable, sin ángel de la infancia.

Se aleja nuestro primer recorrido. La despedida dolorida desde Masse[i]ed a Tarfaya,[13] escondidos de cualquier atisbo de amanecer que nos pudiera descubrir. Frente a unas islas españolas[14] en las que un turismo legalizado y absuelto elige playa y sol, sombra y copa de helado, música y bebida de color con hielo. Ropas y calzado, palabras y destinos con puertas de salida y entrada.

En esta embarcación leve, bajo tanta noche sostenida, amparan mujeres embarazadas los hijos esperados. Imaginan como una necesidad que van hacia una habitación limpia, médicos para la fiebre, enseñanza y futuro. Algo más suave que las rocas rudas donde se golpea el presente pagado a un hombre al que le dimos el dinero del precio de cambiar de mundo.

Si hemos dejado atrás, en el pasado, algún amor, no podemos volvernos a mirarlo. Sería un suicidio precipitado. El pasado era lo nuestro. Fuera como fuera, nido de pájaro o rasguño de casa. Huellas, voces consentidas. Un llanto pegado a paredes sumidas en un suelo de tierra. Una flor

---

[13] En el original dice «Masseled», que se debe tratar de una errata. Masseied (al que también se le conoce como Maseid, Messeïd, Lemseied, El Mesied, M'sied, Messeïed, Msied, Meseied) es un pueblo y oasis de Messeied, en la provincia de Tan-Tan y a unos 200 km al este de Tarfaya. Tarfaya es una ciudad portuaria en el suroeste de Marruecos. Ver <http://www.fallingrain.com/world/MO/36/Messeied.html>. Javier Rueda ha aclarado la errata.

[14] Se refiere a las Islas Canarias, archipiélago situado a unos 100 km al oeste de la disputada frontera entre Marruecos y Sahara Occidental y que es parte de España.

hastiada, detenida en un vaso, como un toque recordando la vida. Era nuestro.

Desprotegidos, juntos en el mismo vaso del olvido, bebiéndolo de una sola vez. Para alcanzar el camino donde la ansiedad no sea montaña y donde un cierto orden de normalidad nos acepte y permita escribir nuestros nombres en sus costumbres, en la representación de los días libres.

Nos estremece el mar. ¿Cómo era aquel cuento de una cáscara de nuez sobre lo alto de unas olas encrespadas? En los cuentos infantiles hasta lo irreal logra tener un sentido. Y en la vida, en ocasiones, acaba por tener forma. Pero no hoy. Pero no ahora.

Nos viste una piel tensa. Sólo se estremece cuando dejamos aparecer el recuerdo, ya perdido, de algún amor allá en la casa de nuestra existencia anterior. Intentamos proteger los sueños, los paisajes que cuentan buenas historias, los caminos que aceptan los pasos. Nadie ha de ser cobarde respirando porque existe un aire para todos. Pero, ¿dónde?

Ocurre lo más extraño sin un murmullo de protesta. Los cuerpos que llenan la embarcación van desapareciendo, algunos cayendo sobre sí mismos sin sostener más las cabezas rendidas; ese cansancio plegando sus cuerpo[s] y sus ropas sucias. Otros, desaparecidos, borrados como sombras en la sombra, huecos en no sé qu[é] caída.

Se abre una voz para decir que nunca llegaremos, intentando no oírlo. Insiste, exclamando desvalida, que hay cuerpos caídos en el agua. Quizá un cuerpo, quizá más. Caídos en el agua o el viento.

Contra todo hay un recuerdo alcanzándonos desde la salida de nuestro país, que se repite: «No os vayáis. Vais hacia la muerte».

La muerte cuelga como lámpara sin luz, cerca. El terror cuelga. Nos da en la cara. Nos golpea.

—La muerte es una mentira —llegué a decir a mis cinco años—. No hay ciudad de muertos, ni pueblo de muertos, ni escuela, comida, ropa de muertos.

Pero entonces, ni conocía la muerte ni conocía la vida. Tampoco la palabra patera.

Existen pateras atestadas como un lodazal de impavidez y terror. Encallando las vidas, rompiéndolas contra la fragosa costa, contra el agua, contra la sed y el hambre.

Llegué a decirme, a los quince años:

—El amor salva de la muerte. El amor tiene ciudad, tiene pueblo, camino, escuela, pasos, alimento y ropa. El amor es mar, playa y llegada, siempre llegada.

Pero ahora, escondidos como bultos de infortunio, el mal va desdoblándose. La patera sigue bamboleándose como un triunfo de demencia. El mar tiembla sobre nuestro temblor. Apenas si surgen los sollozos, los gritos mudos. En otro golpe desaparecen cuatro rostros de ojos exaltados, vestimentas como jirones revoloteando un vuelo incapaz. Inútil.

Estamos cada vez más solos. En soledad consumida de sentencias. Este viento que es ruido quebrará cualquier seguridad, tragándonos. Nos arrancará la memoria. La llegada. ¿El mar no sabe? ¿El mar elige?

—¿Te vas?

Y allí, en mi país, con aquel hombre dueño del calor, ante sus ojos, quieto el mundo de mis cosas quietas, de pronto arrepentida, negué.

Aunque tuve, ante la puerta apagada de la casa, que acabar diciéndole la verdad: me iba.

La razón era la vida.

La razón era aquella diminuta semilla que comenzaba en mí y en mi vientre, algo como un asombro contra cualquier noche.

Seguiré con los ojos cerrados. Sin querer ver las luces que pondrán todo en su sitio. A todos nosotros como unos aparecidos.

¿Somos desaparecidos o aparecidos espectros en una historia deformada?

El mundo inesperadamente vuelca. No es el mundo de fuera. Es éste que somos, que se llama patera.

No sé de dónde cuelgo. Mis manos se aferran al susto, y el susto flota. A mi alrededor, el agua sostiene algunos ojos, algunas gaviotas ahogadas. Una superficie contaminada, revuelta, de gaviotas ahogadas.

Sé que no son gaviotas.

Pero me miento. Y me miento más contándome que tengo, bien cogido, mi último hijo de aliento. Finalmente, ¿una oscuridad?

La libertad es un haz de luz de linterna. Se me tiende una voz y una mano.

—Respira —me dice alguien cerca.

Finalmente, la vida.

Abderrahmán El Fathi

«El lenguaje de la felicidad»

«El lenguaje de la felicidad»

Abderrahmán El Fathi

Fueron tediosas y eternas horas, en largas colas de desesperación, junto a las dependencias del Consulado. Entre rejas de impotencia, viendo pasar la curiosidad por la calle Mohamed V, que no cesaba de su habitual vaivén, entre tumultuosas miradas de desesperación y agrias esperanzas olvidadas, entre los bajos del antiguo Banco de España.[15] Hasta que por fin, un día, mi nombre adquirió un eco, un color, y quedó plasmado en una libreta a la que llaman pasaporte, adornada con uno de los sellos más añorados de todo el país. Algunos me dijeron que más de la mitad de la población del planeta la pretendía. Pero yo no entendía nada de eso. La felicidad de mi familia que me acompañaba me contagió tanto que lloré como si fuera poseedora de los cromos más raros que existieran, y que además me permitían volver a abrazar a mi mamá.

[15] Éstas y otras referencias sugieren a la ciudad de Tánger como referente.

Era la hora de la reagrupación familiar. Recuerdo la travesía de ese amplio Estrecho de Yabal Tarik.[16] Cuando me alejaba del puerto que me vio nacer, las lágrimas se confundían en el azul inmenso de las aguas que me llevaban hacia mi madre, ese ser que un día, de madrugada, sin tiempo ni siquiera para un beso, cuando el sol asomaba su tímida luz en mi ventana, se marchó, en una huida para procurarme un futuro mejor.

Llegó el momento, y allí estaba, en el puerto, en el barco, en las mismas aguas que me arrancaron a mi mamá y que ahora me devolvían a sus brazos. Tantas veces maldije el mar que me alejaba del beso matinal, del desayuno con té y cariño… Me veía a lomos de las mismas olas, del mismo mar, sólo que ahora éste me brindaba la oportunidad de reunirme con ella.

Allí estaba, risueña, más mamá que nunca. Aún mantengo en mi piel y mi corazón el abrazo del reencuentro, tan distinto a la felicidad de la puerta del consulado, cuando lloraba con amarga impotencia y desesperación. Realizaré por fin todo aquello que me prometió en aquellas cartas que me leían al llegar a puerto.

Me desperté, y junto a la almohada me miraba un muñeco de vivos colores y ojos saltones, una gran pelota, suave al tacto, de olor distinto a los que tenía antes de llegar a

---

[16] El autor recupera el nombre árabe del que deriva el nombre de Gibraltar: *Yabal-Tarik* (montaña de Tarik), lugar en el que desembarcó Tarik Ibn Ziyal en el año 711 d. C., y de donde arranca la dominación árabe en la Península.

esta tierra. Los rayos del sol me invitaban a respirar un aire más fresco y tierno que el día de la travesía. Era mi primer día lejos del puerto, de mis abuelos, de mis amigos de la Kasbah,[17] de la lengua en la que hablo y grito y cuento historias y juego y discuto y sueño.

Lo que más me incomodaba e inquietaba era no poder hablar y comunicarme con mis nuevos amigos del país al que me trajo mi mamá. En un principio me sentí diferente, ausente, ajena a todo este mundo recién estrenado, al despertar de mi nuevo hogar. En el parque, cerca de casa de mamá, había muchos niños y niñas, corrían, hablaban, chillaban, se reían, se decían cosas. Eran tan felices... Sus caras rebosaban e irradiaban alegría pero yo no podía entenderlos. Sin poder comunicarme con ellos, me delataba[n] mi color, mi pelo, mi estatura, mi mirada fija y extrañada y mi silencio ensordecedor.

En esa confusa y desalentadora situación se acercó a mí una niña impecablemente vestida, de tez más blanca que las espumosas aguas del Estrecho, en cuyo pelo brillaban estrellitas de colores que cubrían su rubia melena de seda. Me dijo tantas cosas, y tan deprisa, que aunque la hubiera entendido no habría sido capaz de descifrar sus palabras. Sin embargo, me tomó de la mano y me llevó donde esta-

---

[17] Antes de la colonización, casi todas las ciudades tenían su *kasbah* o alcazaba, lugar en el que residía el líder local y que también servía como defensa para la ciudad en caso de ataque. La Kasbah de Tánger, construida en el punto más alto de la ciudad, posee excelentes vistas sobre el Estrecho y la vecina España. En su interior se halla el palacio del sultán, del siglo XVII, ahora convertido en museo.

ban sus otros compañeros. Me invitó a subir al columpio para compartir conmigo los caramelos que tenía, todos ellos envueltos en papeles de mil colores. Entonces me di cuenta de que podía hablar, que podía comunicarme con ellos aun siendo distintos, pues nos unía la ilusión de subir al columpio y jugar, sí, jugar y gritar de felicidad.

Compartíamos el parque, los juegos, los caramelos y, sobre todo, aquel columpio que me elevó hasta ver las copas de los árboles más altos del parque, en una experiencia inolvidable. Por fin, cuando llegué a casa, le dije a mamá que hablaba el mismo idioma que los niños extraños que no eran de mi país, el lenguaje de la felicidad y las sonrisas y los gritos y los columpios, y también el lenguaje de los caramelos que compartíamos y de los helados que se derretían en nuestras manos.

Mi sueño con mamá en tierras lejanas se hizo realidad. Tenía amigos y amigas que no hablaban como yo al inicio de mi estancia, pero con los que me entendía con sólo mirar a la cara.

Abderrahmán El Fathi

África en versos mojados
(selección)

África en versos mojados
(selección)

Abderrahmán El Fathi

Nunca fue tan oscura
Jamás vio un resquicio de luz
África se destiñe en su travesía
su ropa llega sola al blanco amanecer
Todos bailan a su son
Desfilan en su honor
Ofrendas como espaldas
Espadas como amores
Lluvia de algas suspendidas en su
Frente.

Lugares grisáceos se asoman
En el horizonte, despertares africanos
El marfil flota en el mar
y se hunde hacia el amanecer
Timbales, tambores y sueños.

Alijos humanos esperan,
crece la agonía sin agua,

brilla la falta de dignidad en África,
La recolecta ha llegado
Arrancan los motores
¡Alegría!
¡Qué trigo más negro!
¡Qué espiga!
A bordo rostros grisáceos, oscuros,
Rojos, amarillos, blancos,
Todo semillas, todo trigo
Todo sin nombre,
Sin huella.

Mi collar de agua,
Lucía en sus mareas.
Mis ojos de agua
traslucían brillantes de espuma,
Mi cuerpo carcomido bailaba.
¡Qué saeta!
¡Qué sevillanas!
¡Qué danza!
¡Qué abordaje en Andalucía!

Nieves García Benito

«Al-yaza'ir»

«Al-yaza'ir»

Nieves García Benito

Me llaman Isla, pero por lo que me ha pasado más bien parezco un arrecife. A mi padre le dio por llamarme Al-Yaza-ir aunque mi nombre es Zuhara o Al-Zuhara, así me dice la abuela y me gusta ser Lucero. Reservado, debió decir que era muy solitaria, «esta niña de solitaria que es parece una isla» decía mi madre que dijo mi padre. Y me siguió llamando así.

Si voy a contarlo todo es porque voy a morir cuando él nazca, vivo o muerto, y por si Alá en su inmensidad, me escuchase. Además, en este lugar donde estoy consuela hablar con las paredes.

No comprendo por qué me ha pasado lo que me ha pasado, pues siempre he sido obediente, he cumplido los mandamientos y aprendí de memoria el Kuram.[18] Cuando salí de mi barrio en Kenifra,[19] no dudé de que Alá me protegería. Ahora, aquí, hay un fuerte olor a humedad que me marea. La luz del sol me hace cada vez más daño cuando salgo por las mañanas. Prefiero la penumbra completa del resto del día. La oscuridad me tranquiliza y creo que la penumbra nos hace bien a los dos, a él y a mí.

No sé muy bien qué día nací. Mi amiga Fátima Sora, que iba a la escuela, decía que tenía diecisiete años, yo creo que tengo los mismos que ella. Mi madre, en su silencio, me dijo una vez que el día que me tuvo, el Rey empezó a construir la

[18] Kuram: se refiere al Corán, el libro sagrado del Islam, que para los musulmanes contiene la palabra de Dios (Allah) revelada a Mahoma. También se conoce con el nombre de Alcorán, a veces escrito Quran o Korán, que literalmente significa «la recitación».

[19] Kenifra (o Khenifra): ciudad del interior de Marruecos, situada a 160 km de Fez y 300 km de Marraquech. Fue antiguamente una ciudad portuguesa, y posteriormente colonia francesa y asentamiento beréber. Hoy día más del 98% de la población es beréber. Localizada en una meseta a 860 m de altitud, sus temperaturas suelen ser altas.

mayor mezquita de todo Marruecos. Se acordaba muy bien porque cuando le vinieron mis dolores daban la noticia por la radio. De toda mi vida, lo que mejor recuerdo es cuando ella murió. Yo era muy pequeña y me di o me dieron un golpe muy fuerte con la esquina de la mesa. Sé que perdí el conocimiento. Mis hermanos dicen que desde que yo nací, no dejó de estar enferma. Omar, que es un poco mayor que yo, aunque se cree muy hombre, piensa que si yo no hubiera nacido mi madre estaría viva. Esto siempre lo he tenido que oír de mis hermanos, e incluso ahora me gritan que moriré pronto, como mi madre.

También recuerdo el día que salí de mi casa de Kenifra. Mi abuela no paraba de llorar; yo sonreía, pero ella ya parecía saber lo que me iba a ocurrir. Decía que de no haber sido tan vieja, se vendría conmigo. En aquel momento sentí alivio al verla con tantos años. Me la imagino aquí, plantándole cara a mi padre y protegiéndome. Seguro que ha muerto de pena. Me da rabia no saber escribir: le contaría sobre la oscuridad y la tristeza que tengo, de la noche tan larga... Con Karim, el niño-vecino, le enviaría mi carta. Karim todas las tardes da tres golpes en la pared y yo le contesto. Me parece que todos los de la plantación saben que estoy aquí, encerrada, pero nadie dice nada. Cada padre, en su casa y con sus hijos, hace lo que quiere. Siempre ha sido así. Ahora tengo ganas de vomitar, pero no voy a hacerlo porque huele mal la habitación y hasta muy tarde no vienen de recoger los pimientos.

El día que salí de mi casa llevaba un vestido europeo de flores; lo había guardado para los días importantes y éste lo era. En la bolsa roja, blanca y azul, regalo de un amigo de mi padre emigrado de Francia —según él le sobraba de todo—, metí dos pañuelos, uno de mi madre, otro, regalo de mi abuela y casi toda mi ropa. Pesaba bastante. Llevaba poco dinero, porque el viaje lo había pagado mi padre desde España. Mi abuela, enfadada, decía, que con tanto dinero ella no se hubiera ido jamás. Habría comprado un huerto, todos tendríamos para comer y sobre todo habría paz y tranquilidad. Decía que mi padre era muy burro, que siempre lo había sido, y que no comprendía el empeño de que todos sus hijos estuvieran con él en Murcia,[20] recogiendo pimientos. A mí me tenía que haber dejado con ella.

El viaje en autobús, aunque dicen que dura diez horas, pasó por mi ventanilla rápido, tan rápido como la lluvia en mi barrio de Kenifra.

Nunca me hubiera podido imaginar una ciudad tan grande como Tánger, con tantos coches y casas tan altas. Si no me espera Mustafa, dice que se llama Mustafa y que es amigo de mi padre, me pierdo. Kenifra es grande, pero nunca he salido de mi barrio[,] que conozco palmo a palmo

[20] Murcia, capital del municipio del mismo nombre, está en el sudeste de la Península Ibérica. Es famosa por su fértil huerta, que atrae a muchos trabajadores temporeros. El actual sistema de regadíos de la Huerta del Segura tiene su predecesor en las acequias o conducciones de agua que construyeron los árabes para el riego del campo a lo largo de la costa mediterránea, principalmente en las regiones de Valencia y Murcia.

y allí no entran coches. Los pocos que hay se ensucian enseguida con nuestra tierra tan roja.

Mustafa se comporta afablemente. Yo no tenía miedo con él. Miraba los coches, tanta gente junta y tantos negros altos. La pensión donde me llevó era grande, con olor a frito viejo y llena de personas que querían ser amables. Allí me dejó. Apareció siete días después para decirme que no se me ocurriera pisar la calle y que el barco donde íbamos a viajar lo estaban reparando. Ahí empecé a no comprender nada. Hasta hoy.

El día que volvió me pegó una paliza sin hablarme siquiera. Se enteró por el chivato del niño de los recados que no se parece a Karim. Yo sólo intentaba escudriñar la puerta, buscar la salida, respirar otro aire sin olor a frito. Volví muy pronto: pensaba en Mustafa. En la ciudad, las murallas antiguas se confundían con el palacio del Rey, y en un mirador que daba al mar alguien dijo que España se veía muy bien porque era poniente.[21]

Mustafa me pegó fuerte. Gritaba al aire el problema que tenía conmigo, vociferaba que si no fuera por lo que le había pagado mi padre, no se hubiera metido en líos como éste. Comprendí a medias, y, aunque el dolor fue largo, pronto dejó de pegarme.

Pasaron dos días. Mustafa abre azorado la cerradura de mi puerta y me dice, «vamos niña». Sin tiempo, recojo mi

[21] Poniente: occidente, donde se pone u oculta el sol.

bolsa azul, blanca y roja y voy tras él. De nuevo parecía amable, aunque su boca era una mueca de tabaco sin filtro. Bajamos un acantilado hacia la playa. Yo nunca había visto el mar hasta el día aquel de mi escapada. Entonces me [...] pareció inmenso y de un azul muy bello; esa noche era tan oscuro como el miedo: un pozo negro, el miedo que siento ahora, mientras hablo.

En la playa lúgubre y sin viento había siluetas de hombres muy jóvenes, ninguna mujer; al lado, una barcaza gris con motor fuera borda. Nadie hablaba, sólo el eco, la resonancia de cada respiración. Mustafa me coge de la mano: «tú te sientas ahí, al lado del motor, y como te muevas te tiro al mar». Ahí empezó el temblor por dentro, descontrolado, que aún continúa. Sin darme cuenta cómo, la barcaza se movía en medio del mar y mi bolsa, mi bolsa quedó olvidada en la playa. Aprendí a llorar sin lágrimas.

Pasaron horas.

Siempre de noche, y con un frío desconocido que vomitaba hasta mis venas. El hombre de al lado se acerca a mi oído: «¿cómo te llamas?». «Zuhara», le grité, y me cogió de la mano.

El terror al mar, a Mustafa y a la furia de ambos me aguantaba la náusea. El vómito se había amasado en mi garganta. Sólo el ancla que era el hombre de al lado frenaba la angustia, como Karin y sus golpes: su mano estrujada con la mía. Las olas eran puñetazos de frío que engullían la barcaza y el recuerdo de mi madre. La amenaza, como este dolor constante cerca del vientre, en la esquina de la soledad más absoluta. Las olas de nuevo vomitando salitre y Alá demasiado lejos. No hacía viento. Mustafa, nervioso, paró el motor y, ya sin olas y en la total oscuridad, frente a una playa cercana, aulló: «¡Idos!, ¡saltad!, ¡corriendo, corriendo!».

Mojada entera, empapada de agua salada como una esponja antigua miro hacia atrás y ya no está: la barcaza es ahora un punto en el mar, y su boca gris un gesto de ironía en la memoria. El hombre de mi mano, la coge de nuevo y me algarea: «¡vamos, Al-Zuhara!, ¡corre, corre!».

Corro. Corro. ¿Y mi padre? ¿Y mis hermanos? ¿Dónde? ¿Por qué no están en la playa? ¿Mustafa no era su amigo? Mis piernas lloran. Me falta el aire pero corro, corro… Al fin un camino y enfrente, la gasolinera. El hombre que me lleva de la mano me habla entre jadeos: «No te preocupes. Ya no nos coge la Guardia Civil. Ahora nos escondemos aquí y a esperar. No tardarán en venir a recogernos». Respiro. Ya estoy viendo la cara de mi padre. El frío desaparece.

De repente, un sudor frío y asfixiante vuelve a estrujarme. «¡Vete, vete! ¡Corre! ¡Que Alá te proteja!».

Velada por los matorrales, escudriño policías empujando las siluetas a sus coches, a cada hombre y, en el espanto, mi mano se va con ellos. Con prisa, sin luces y casi en silencio desaparecen. Agazapada y temblando ya no respiro.

Monte arriba, corro igual que si alguien palpitara en mis talones. Después, paralizada por una sed como la de Kenifra, con las fuentes secas y las garrafas vacías, intento pensar en la muerte.

Los pasos terrosos de agosto caliente arrastraban un hombre desgastado como sus botas, tan alto como mi padre y con los años de mi hermano mayor, agarrado a un burro grande. Venía lento, en tinieblas, como una gran masa solitaria. «¿Qué haces aquí?», supongo que me dijo. Sin salida, mis labios mojados sintieron el agua y volvió a mi memoria el día de la muerte de mi madre.

Tratando, imagino, de incorporarme, su boca ávida y sin dientes oscilaba entre la piedad y el deseo. Mis ojos callados no invocaron a Alá y el café caliente de su casa precipitó el vómito contenido. En una cama, no tuve tiempo al miedo: un cansancio más viejo que el de mi abuela se apoderó de mis sueños. No pude volver a Kenifra.

Mi voz se quedó en el lugar de los vómitos y su cuerpo ávido, a veces regalaba ternura. Cada día le esperaba a él y a su burro, recordando a mi padre, oteando a mis hermanos.

Aquella mañana, el viento de Levante parecía llorar entre las rendijas. Una niebla distinta me sobresaltó a medianoche; el ladrido tan fuerte de los perros ahogó las pesadillas. Mi padre, en silencio y en una silueta larga y polvorienta, avanzaba muy despacio por el camino abrasado. La sensación olvidada volvió de repente junto con las olas, la barcaza y el gesto de Mustafa.

Velada por la puerta los veo gritar, berrear, vociferando mi nombre como buitres reclamando su presa. Mi vientre, estrujado, comienza a llorar, mientras del bolsillo de mi padre salen billetes que lanza amenazantes sobre la mesa. Mi dueño, fuera de sí, clama a gritos por su propiedad.

Pasaron horas.

Llegó la noche y un frío conocido brotó de mis venas. Le dan tiempo al trato y al alcohol. Al fin, mi padre, con gesto conciliador, le invita a sentarse y, señalando la ventana, muestra una almibarada y amenazante sonrisa. Mi dueño, con gesto hosco, recoge uno a uno los billetes, despacio, con la parsimonia del vencido. «Es tuya». Y se dan la mano.

Mi padre, cansado, invade entonces la casa para darme la paliza de mi vida, sin piedad, con desahogo tanto tiempo contenido, extraviando su alma, invocando al Profeta. Ahí me partí, y en un resquicio perdido encontré a Omar el día de la muerte de mi madre.

En silencio absoluto me arrastró jadeante a un coche escondido en las adelfas. Un marroquí de ojos azules conducía. Mi padre me encerró aquí, donde ahora estoy, en una habitación de su casa, sin luz y sin ventanas, esperando que él nazca vivo o muerto y oliendo a humedad sin una lágrima. Sólo Karim, el niño-vecino, da tres golpes en la pared por las tardes. Yo le contesto.

He contado todo esto a las paredes y a Alá porque el niño está naciendo y yo voy a morir su primer llanto.

Lourdes Ortiz

«Fátima de los naufragios»

«Fátima de los naufragios»

Lourdes Ortiz

Fátima de los naufragios la llamaban. Se pasaba las horas junto a la orilla oyendo los sonidos del mar. Unos decían que era vieja y otros joven, pero era imposible percibir la edad tras aquel rostro convertido en máscara que guardaba señales de lágrimas, surcos ovalados bajo las cuencas de los ojos. Las gentes de la aldea de pescadores se habían acostumbrado a su presencia y a su silencio. La muda, la llamaban los niños y los «maderos» pasaban a su lado sin pedirle papeles, como si, viéndola a ella, de pie, inmóvil sobre la playa, transformada en estatua de dolor, ellos pudieran pagar su culpa. «Tiene la mismita cara de la Macarena,[22] una Macarena tostada por el sol», decía la Angustias, sentada ante la puerta de su casa en su sillita de anea. «Es —repetía a quien

---

[22] La Virgen de la Macarena se remonta al siglo XVI en que el sevillano barrio de la Feria fundó la Cofradía de Nuestra Señora de la Esperanza y Hermandad de Penitencia. La imagen de la Virgen tiene gesto de dolor y por sus mejillas resbalan lágrimas. Es objeto de devoción no sólo en Sevilla sino en muchos y variados lugares del mundo a través de diversas hermandades y cofradías.

quisiera oírla— la Macarena de los Moros; es la madre que perdió a su hijo y aún le espera y reza por él, con las manos cubiertas por el manto y estática, como si oyera los mensajes del mar, dialogase con él y aguardase a que el mar escuchara algún día su plegaria». La loca de la playa para los turistas, la mendiga africana. Hubo quien le ofreció trabajar en los invernaderos, y una señora de postín[23] se acercó un día a brindarle un trabajo por horas; «parece buena gente y me da lástima», comentó. Los municipales hablaron del asilo y una concejala emprendedora se acercó una vez a proponerle asistencia social y la sopa del pobre. Pero ella siempre bajaba la cabeza en un gesto de humildad o desentendimiento y ambas, la mujer de postín y la concejala,[24] creyeron percibir un gorgoteo, un sollozo que no parecía humano, y entendieron el silencio, tan impasible y quieto, como una negativa que imponía respeto. Eso fue al comienzo, pero ahora ya, pasados los años, todos se habían habituado a la presencia callada y sepulcral de la mora, allí quieta día y noche, sobre la playa. De noche, acurrucada junto a las barcas, cubierta por un manto cada vez más opaco y raído; de día, convertida en vigía, alerta a cualquier movimiento de las aguas, con los ojos perdidos, fijos en un punto distante, escuchando los rumores del viento, imperturbable ante las olas crespas o calmas. Allí quieta, expectante, con los ojos clavados en una distancia que ya no era de este mundo. «Está pa' allá», decía

---

[23] De postín: lujosa, elegante, o que se da importancia.

[24] Concejala: persona elegida para formar parte del ayuntamiento o gobierno de un municipio.

Antonio, el pescador. «A mí al principio me daba casi miedo. Pero ahora sé que es sólo una pobre mujer, una chiflada[25] que no hace daño a nadie.» Y la mujer de Antonio ponía ración doble en la tartera y le hacía un guiño cómplice que él sin comentarios entendía, Antonio se acercaba entonces a la mora y, como quien deposita una ofrenda, dejaba el plato de aluminio con las lentejas todavía calientes o las patatas guisadas. «Sin cerdo; no le pongas cerdo, que su dios no aprueba el cerdo. Si le pones costillas, no las prueba», recomendaba Antonio a la mujer, y ella asentía y echaba a la olla espaldilla de cordero para conseguir la sustancia. Cuando llegue el invierno morirá de frío, decían al principio. Pero el invierno benigno del sur la protegía. Fue entonces, un día de diciembre, cuando el cura del pueblo se acercó hasta la barca y depositó a sus pies la manta casi nueva —que una buena vecina había llevado a la parroquia— y algunos cuentan que esa mañana, al despertarse, los ojos de la mujer se abrieron más, hincó las rodillas en tierra y su frente tocó arena; permaneció así durante mucho rato y luego tomó la manta y la dejó caer sobre sus hombros, cubriendo el manto que ya comenzaba a clarear,[26] y Lucas, el hijo de Antonio, afirma que cuando se cubrió con aquella manta de franjas rojas y moradas hubo una luz, un aura que la encendía toda, y Lucas niño, asustado, se echó la mano a la boca por el espanto y fue corriendo a su madre gritando que la mujer no era mujer sino fantasma, aparición o sueño, y que desprendía el

[25] Chiflada: loca, chalada, que ha perdido el juicio.

[26] Clarear: transparentarse.

fulgor de los peces sin desescamar.[27] Felisa, la panadera, oyó comentar a una de sus clientas que la mujer tenía dotes taumaturgas, dotes milagreras y que probablemente con su roce podía curar a los enfermos. Pero nadie se atrevía a acercarse y menos a palparla. La santa mora silenciosa miraba al mar y lo escuchaba, y los pescadores se aproximaban a ella sin turbar su silencio o su recogimiento y desde lejos entonaban plegarias a la Virgen del Carmen,[28] a la que, sin atreverse a formularlo, creían reconocer bajo el manto manchado de la mora, a la que ya decían la «moreneta».[29]

Tres inviernos habían pasado desde su llegada y sólo a los turistas o a los veraneantes parecía turbarlos la presencia de aquella estatua hecha de arena y sufrimiento que de algún modo perturbaba el paisaje y ponía una nota oscura en el horizonte. «No es mala, ¿sabe usted? —se encargaba de explicarles Paquito, el hijo de la Toña—. Es del otro lado del mar. Llegó aquí un día y se quedó. No es mendiga tampoco. Vive como viven los peces, casi del aire. No pide, no. Ni molesta. Sólo está ahí fija y mira al mar. Hay quien dice que, bueno, no van a creerme, pero es milagrera y al pueblo le trae suerte. Ahí está y nadie se mete con ella.» Porque el pueblo entero la había hecho suya y los rumores con el tiempo se habían ido acallando, aquellos que cundieron al principio: «¡Que si está loca, pobre mujer, mejor si la volvie-

[27] Des(es)camar: quitar las escamas a los peces.

[28] Virgen del Carmen: patrona de los pescadores.

[29] «La Moreneta»: nombre con el que se conoce a la Virgen de Montserrat, patrona de Cataluña.

ran a su tierra! Allí probablemente tendrá padres o gente que la acoja, familia como cualquier humano». La mujer de la ciudad, la de la casa grande sobre el acantilado, se había interesado por ella aquel primer verano y quiso saber detalles. Y la Encarna explicó lo del marido y lo del hijo, que Mohamed había contado antes de marcharse definitivamente a los invernaderos. Mohamed era un chaval despierto que dijo conocerla, porque venía con ella en la patera y tuvo suerte y pudo llegar a tierra, como pudo llegar la mujer, tras una noche horrible de lucha contra las olas. Fátima se llamaba, aseguró el muchacho, y el marido, dijo, era recio como un roble; incomprensible que se ahogara, aunque tal vez intentó rescatar al hijo —no más de diez años, quizá nueve—, un niño de cabellos rizados que durante gran parte de la travesía había descansado la cabeza en el regazo de la madre. Hasam el hombre, Hasam el niño. Mala suerte los dos, mala suerte, como tuvieron mala suerte los otros veinticuatro: «Pequeña patera, pequeña, no mucho espacio. Mujeres, niños... Mala cosa traer mujer; mejor dejar mujer[30] cuando uno se lanza a la aventura». Mohamed era un muchacho magrebí que permaneció varios días perdido por los montes y que acabó encontrando trabajo sin que nadie preguntara después ni cuándo ni con qué papeles había llegado. Sabía trabajar. Tenía una risa blanca de resucitado y daba confianza a los patrones y a los mozos. La primera vez que se cruzó con ella, una mañana en que con otros se acercó hasta el pueblo, tuvo

[30] El lenguaje directo y entrecortado, con ausencia de nexos, recrea el lenguaje del hablante.

él también un escalofrío, un estremecimiento, como si viera la imagen de la muerte, el cuerpo de una sirena que hubiera salido de las aguas. Fátima es, dijo a los otros, Fátima es, repetía y entonces ellos le dijeron que se acercara a ella y que le hablase, que tal vez si a él le reconocía pudiera al fin salir de su mutismo, de aquel extraño ensimismamiento en el que permanecía desde que un día la habían descubierto allí de pie, en la playa. «Mujer salvada, raro, difícil salvarse. Él, sólo él, Mohamed, tuvo suerte. Alá fue bueno con él —contaba— porque él buen nadador, él preparado durante meses,[31] durante años, nadando como un pez allá, cerca de Alhozaima,[32] en un mar hermano, muy parecido, mar como éste azul, con olas suaves, bonitas playas también allá.[33] Pero mujer no fuerte, mujer no dura, mujer no posible salvarse, como no pudieron salvarse los otros veinticuatro. Fue viento malo, terrible mar, olas inmensas que primero abrazaban la patera y al final acabaron volcándola. A muchas millas de la costa. Lejos, muy lejos.» Mohamed ponía los ojos en blanco cuando recordaba aquella noche, ojos de pescado recién

[31] La ausencia de verbos tiene un propósito similar de recrear el lenguaje del hablante.

[32] Alozaima: Alhoceima en versión francesa y españolizada como Alhucemas, es la capital de la provincia del mismo nombre, situada en la costa marroquí, en la bahía de Alhucemas. Se encuentra a unos 155 km al este de Ceuta y a 100 km al oeste de Melilla. El Ejército español y la Armada desembarcaron en ese lugar durante la guerra del Rif en 1926. De cuartel militar pasó a ser un asentamiento civil con un fuerte legado español. En la actualidad es una ciudad que atrae al turismo por sus playas y su hermoso paisaje al pie de la cordillera del Rif.

[33] Nótese el valor gozoso que se asigna aquí al Mediterráneo.

sacado del mar, ojos de incertidumbre, y repetía la plegaria, Alá es grande; él, niño nacido de nuevo de las aguas, rescatado por un dios benigno, que le llevó, moviendo sin cesar los brazos, hasta la arena húmeda de una playa vacía, una playita salvaje sin casas, ni personas, una playa diminuta pero que resultó cuna donde pudo permanecer casi sin aliento, casi sin fuerzas durante dos largos días y dos noches hasta que el hambre y el desfallecimiento le obligaron a moverse, le hicieron andar y andar hasta llegar por fin a aquella casa, una casa de adobe donde la mujer, una mujer de edad, al verle semidesnudo y con aquella barba crecida, se santiguó y le ofreció pan y habas frescas. Todavía lo recuerda Mohamed, recuerda perfectamente y puede describir con detalle la mano regordeta de la vieja que le dio de beber aquellas primeras gotas de agua dulce, gotas que, al roce de los labios, parecían quemar. Habas frescas y agua caliente que luego fermentaron en su estómago produciéndole aquellos desacostumbrados retortijones de vida, aquella virulencia del aire encerrado en sus tripas que luchaba por escapar y que provocó las risas de la vieja y la sonrisa blanca de Mohamed, el resucitado, esa sonrisa extraña de anuncio de dentífrico que ya no habría de apagarse. Vieja generosa y hombre bueno que le proporcionaron cama y comida aquella noche y que dos semanas más tarde le conectaron con el capataz que le dio buen trabajo en el invernadero. Gente de bien, humilde, con la que pudo compartir el pescado salado y las sabrosas *migas*,[34] migas semejantes al cuscús,[35] con sardinas y olivas y uvas. Migas que le devolvieron las fuerzas y le permitieron volver a ser aquel Mohamed que durante tanto tiempo se había entrenado en su tierra para la travesía. «Yo hablar español, poquito español, yo entenderme. Amigo español Alhozaima enseñó a mí. Yo ver televisión española. Yo amar España. Yo querer también Almería. Amigo mío, amigo que también venía, también entrenado, no pudo llegar. Raro. Raro que mujer se salve, mujer más débil, mujer bruja o fantasma.»

Pero ellos le animaron y Mohamed se acercó al fin y, cuando estuvo cerca, le habló en su lengua y ella movió la cabeza. Desde lejos los hombres contemplaban la escena y Paquito comentaba en voz alta: «Seguro que le reconoce, seguro que le gusta escuchar una voz que al fin entiende». Pero Mohamed se quedó allí parado, como si una barrera le separara de la mujer que mantenía ahora los ojos bajos y que se había cubierto todo el rostro con la manta del cura, avergonzada o púdica ante la presencia del muchacho. Los hombres desde lejos percibían el azoramiento de Mohamed. «¡Qué va a reconocerle —decía Antonio— si está pa' allá! El mar le ha vaciado el cerebro. El chico afirma que ella es Fátima, pero ella, si fue Fátima, ya no sabe ni quién es. Ella, os

---

[34] Migas: plato de origen rústico castellano, hecho a base de pan troceado, humedecido con agua y sal y rehogado en aceite con ajo y pimentón. Se le puede añadir chorizo, tocino o jamón curado.

[35] Cuscús o cuzcuz: plato árabe, condimentado y algo picante, elaborado con sémola de trigo duro, carne o pollo y verduras.

lo digo, ya no es de este mundo.» El viejo Antonio, sabio y cabezón, decía que no con la cabeza: «Si lo sabré yo». Virgen o santa, salida de las aguas como una premonición, como una advertencia. «Demasiados muertos, muchos muertos; el mar se los traga, pero el mar nos la ha devuelto a ella, para que sepamos que las cosas no están bien, que no es bueno que...», rezongaba el Antonio, y los demás asentían mientras veían cómo Mohamed se apartaba de la mora y se dirigía de nuevo hacia ellos caminando cabizbajo con las manos metidas en los bolsillos de la chupa[36] vaquera. «Se quedó muda con el mar —decía Paquito—, muda y tal vez sorda. ¿Cómo no va a conocer a su paisano?» Y cuando Mohamed llegó hasta ellos todos querían saber. «¿Es la Fátima que decías o no es la Fátima?», inquiría nervioso el Constantino, hombre de mucho navegar, hombre de pocas palabras, provocando con su curiosidad la sorpresa del grupo, ya que el Constantino apenas demostraba interés por nada que no fueran sus redes; sólo alguna vez le venían como recuerdos de parajes lejanos, de puertos con mujeres de caderas anchas y labios generosos, sólo de vez en cuando, cuando el coñac desataba su lengua y los recuerdos y mezclaba parajes fabulosos, barcos enormes de gran calado. Constantino había sido marinero en un barco mercante durante casi veinte años, olvidando el oficio de pescador que sólo había recuperado a su regreso a la aldea. Fijo siempre en las redes, Constantino, experto en repararlas y callado, ajeno a toda la vida del pueblo, a los

[36] Chupa: cazadora o chaqueta de cuero.

rumores y a las cosas. Sólo de vez en cuando, pero esa noche no era el coñac sino el anhelo de una respuesta, que todos esperaban, el que le impulsaba a preguntar, también él, ¿por qué no?, intrigado por la mora, también pendiente de las palabras entrecortadas y mal dichas de Mohamed. «Sí que es la Fátima. Lo juraría con permiso de Alá. Pero es una Fátima cambiada. La Fátima que yo vi era más joven, más…» Dejó la frase sin acabar y todos completaron las caderas más firmes de la mujer, la piel más tibia; quitaron las arrugas de los ojos y las huellas de lágrimas en las mejillas: una mujer hermosa y cálida, erguida, con los pechos firmes y las manos diestras. «Era joven y bien puesta la Fátima que yo vi. Y cha… cha… cha… charlatana. No paraba de hablar. Nosotros mareados de tanta charla y el marido desconfiado. Mujer que habla mucho, mujer que hay que vigilar. Pero ella, la Fátima que vi, estaba contenta, emocionada con el viaje, animada y animaba. Ella decía: «Todo bien, bonito viaje, buena noche, buena luna».[37] Cantaba canciones para el niño, para que se durmiera y no tuviera miedo. Ella bonita voz. Esperábamos y todos nervios, muchos nervios. Ella tranquila. Ella hermosa y joven. La mujer —y señalaba Mohamed hacia la sombra— arrugas, la mujer de edad, mucha edad, no sé cuánta. Distinta. No parecida, no igual a la Fátima que yo vi.» Y los hombres asentían y se cruzaban miradas de «¿ves?, ya te lo he dicho», una Fátima maga, una mujer de ninguna parte, salida de las aguas. «Mucho sufrir

[37] Estas palabras, puestas en boca de otro personaje, son las únicas que se le atribuyen a Fátima en toda la narración.

—dijo el Antonio— seca la piel y pone canas», y Mohamed encogió los hombros, dando a entender que podía ser, pero que él no habría asegurado, que su reconocimiento ya había concluido y que no decía ni que sí ni que no, que de lejos parecía la Fátima, pero de cerca podía no serlo.

La sombra de la mujer allá lejos, inmóvil, recortada contra el azul oscuro del horizonte, ligeramente iluminada por la luna. «Hay algunos que vuelven —dijo Paquito—, vuelven del más allá», y el Constantino, que esa noche estaba extrañamente animado, dijo: «Yo sé que vuelven. ¿No han de volver?», y todos sabían que pensaba en aquel marinero errante que visita puertos y se pasea sobre las aguas, aquel espíritu o espectro que él llegó a conocer en un puerto del norte, allá por los años cuarenta. Pero ninguno quería volver a oír de labios de Constantino la historia del marinero que salió de las aguas, de ese muerto viviente que no se permitía descanso y que podía confundir al marinero en tierra y quitar la razón al marinero que dormía plácidamente sobre la cubierta, dejándose mecer por el mar.

Pero de aquel reconocimiento y de aquellos temores hacía mucho tiempo y la mujer permanecía allí sin que nadie se inquietara ya por su presencia. De vez en cuando en la Fonda María, la mujer del cartero dejaba correr los rumores o se ponía patética y decía: «Si a mí la mar se me llevara un hijo y un esposo que tenía la fuerza de un roble, ¡quieta iba a estarme yo! ¡Bastante hace ella con soportar lo que tiene que soportar! Yo no sé si está loca o cuerda. Pero a veces, cuando la veo allí fija, me dan ganas de ponerme a su lado y... no sé, quedarme allí quieta a su vera, porque yo sé bien lo que es perder a un padre y a un abuelo, ¡que el mar es muy suyo y muy traicionero!, y no sabe el que no lo ha pasado lo que es el dolor, lo que es la desesperación, lo que es…» Y las mujeres se distraían por un momento de sus tareas y pensaban en el hijo que salió a la mar, en el marido que aquella noche, ¡Dios mío, qué angustia!, volvió tarde, o aquella vez en que la barca de Felipe vagó a la deriva para acabar estrellándose contra el acantilado y los hombres llegaron a la playa ateridos de frío y agotados de tanta lucha con el mar, o aquella otra en que tuvieron que rescatar a Blas o cuando el Marcelino perdió su barca y perdió su pierna, enredada en la hélice. Pasaba un ángel sobre el grupo y entonces todas comprendían a la mora y se ponían en su lugar y la mora era como una proyección de sus miedos y una especie de garantía de pacto con las aguas. Fantasma, aparición o santa o virgen morena, contagiaba su añoranza, y los muertos familiares, los náufragos, presas no devueltas de las aguas tantas veces inclementes, revoloteaban con sus murmullos, asentándose en la cabeza de las mujeres que creían oír, como tal vez escuchaba la mora, los lamentos de todos los desaparecidos en esa aldea que desde siempre vivía del mar y para el mar.

Aquella mañana, una mañana de junio de ésas de mar revuelto y fuertes vientos de poniente, el Lucas, que había madrugado para esperar el regreso de la barca que salió a la sardina,[38] vio a la mujer doblada sobre el cuerpo y corrió al pueblo a avisar del portento: «Que el hijo de la mora ha regresado —gritó—, y que ella le tiene en su regazo y que le acuna y parece que le canta, que yo lo he visto, que es verdad lo que digo: un niño grande de cabello rizado, que le tiene tumbado sobre las piernas y que le mece». El revuelo de las mujeres y de los hombres, y la palabra «milagro» entre los dientes. Uno tras otro y con respeto se fueron llegando a la playa que estaba naranja y plata con la luz del amanecer, y allí permanecía la mujer crecida sobre la arena, hecha Piedad que sostenía el cuerpo bruno[39] del muchacho sobre sus sólidas piernas abiertas como cuna y con sus manos limpiaba la sal y quitaba las algas prendidas del cabello. Un cuerpo de hombre joven medio desnudo, miguelangelesco y bien torneado que recibía los primeros rayos del sol y resultaba hermoso desplomado sobre las rodillas de la madre. El Antonio, desde lejos, movió la cabeza y dijo: «Ése no es su hijo. El Mohamed contó que tendría unos nueve años y ése es un mozo hecho y derecho. El marido tal vez. ¿Pero cómo va a regresar el marido después de casi cuatro años?».

El sol se alzaba sobre la playa y envolvía con su luz más dorada al grupo de la mujer, que sostenía el cuerpo yerto sentada sobre la arena. El cuerpo vomitado por las aguas era oscuro, del color del ébano, y relucía, limpio y suave, una mancha negra y brillante, espléndida sobre el manto de franjas rojas y moradas de la mujer. «Te digo que está muer-

---

[38] A la sardina: a pescar sardinas.

[39] Bruno: de color negro u oscuro.

to, que es otro más de los muchos que escupen las aguas últimamente, que no tiene nada que ver con la mora, que ése es de tierra adentro, del Senegal o del Congo o de sabe Dios dónde», explicaba cauto Marcelino, mientras los demás se iban acercando sin atreverse del todo a interrumpir el canto de la mora, que dejaba caer sus lágrimas sobre el rostro tan redondo y perfecto del Cristo africano. La mujer tenía enredados los dedos en los bucles, tan negros y prietos, y se mecía hacia delante y atrás. «A lo mejor no está muerto todavía; alguien debería acercarse y hacerle el boca a boca», sugería Felipe, que había presenciado ya el rescate con vida de muchos otros que en un primer momento parecían perdidos. «Te digo que es fiambre[40] —repetía el Antonio—, y habría que quitárselo a la loca para proceder como hay que proceder, y alguien debería llamar a la autoridad para que se hicieran cargo.» La mujer, ajena al corro de curiosos que se iba formando a sólo pocos metros de distancia, besaba ahora las mejillas del muchacho tan oscuro de piel, y todos pudieron ver su sonrisa, la sonrisa de una madre que acaba de escuchar las primeras palabras balbucidas por su hijo: ta, ta, pa, pa, ma, ma; una sonrisa suave, complacida. «Nuestra señora de los naufragios, virgen de las pateras, madre amantísima, ruega por nosotros», comenzó a murmurar la mujer de Antonio, cayendo de rodillas en la arena, y una a una todas las mujeres fueron postrándose, mientras los hombres inclinaban la cabeza. Y se hizo un silencio de misa de do-

[40] Fiambre: coloquialismo para «cadáver».

mingo, y la mora cubría el cuerpo del hijo con el manto de franjas rojas y moradas, y sólo se escuchaba el sonido del mar, un aleteo rítmico del ir y venir de las olas que convertía a la playa en catedral, encendida por los rayos del sol cada vez más poderosos. Y entonces la mujer depositó con cuidado el cuerpo en el suelo, se puso de pie, ya sin su manto, y todos pudieron ver la delgadez de sus caderas, sus escuálidos brazos y la silueta doblada de su cuerpo famélico. Y la mujer de Antonio fue hasta su casa y cuando regresó se acercó hasta la orilla y dejó caer junto al cuerpo del joven el geranio recién cortado, ese geranio amoratado que cultivaba en una gran lata a la puerta de su casa, y poco a poco una a una se fueron acercando las mujeres del pueblo con su ofrenda de flores amarillas y rojas y violetas y una de ellas, la Clara, se atrevió más y cerró los ojos del muchacho, tan blancos y desorbitados en medio de aquella piel tan negra. Y el rezo de las mujeres se unió al bramido terco del mar y sobre el cuerpo del muchacho, que yacía en tierra, una gaviota blanca y negra volaba haciendo círculos, paloma marina, soplo del amor, y alguien creyó escuchar una voz que decía: «Éste es mi hijo muy amado».[41] Fue tal vez la voz rotunda de la

[41] Se trata de una referencia bíblica. En el bautizo de Jesús están presentes la persona del Espíritu Santo en forma de paloma (aquí sugerido por la gaviota-paloma) y el Padre, que aluden a la Trinidad. En aquel acto se confirmaba a Cristo como el Hijo Santo de Dios. La voz que vino del cielo de parte del Padre testificó: «Éste es mi Hijo amado» (Mt. 3:17b). No obstante, todas las ediciones de la Reina Valera (1909, 1960, 1995) dicen «Éste es mi hijo amado» (no «muy» amado). La Vulgata dice simplemente «hic est filius meus dilectus» y no «hic est filius meus *valde*

mujer que brotaba ronca desde las entrañas tan frágiles de aquel cuerpo desmadejado, una voz ancestral que más bien —así lo comentaban las mujeres con una mezcla de arrobo y temor— parecía proceder de las nubes y repicar entre la espuma, creando eco, reverberando contra las casas blancas. Y entonces ella, la mujer, sin que nadie hiciera nada por detenerla, comenzó a caminar hacia las aguas y se adentró despacio en el mar. Y su túnica de algodón dejaba traslucir su cuerpo de espina, una línea vertical y limpia sobre el azul que cada vez se iba acortando más hasta llegar a ser un punto oscuro sobre la tranquila superficie de las aguas, una cabeza morena diminuta y despeinada que al instante dejó de verse. En la playa todos permanecían quietos, sin hacer un solo gesto para detenerla, como había estado la mujer quieta y fija durante tantos meses: era como si una mano invisible los detuviera, un cristal transparente les impidiera el paso o un gas, diluido en el aire, los hubiera convertido en estatuas, impidiendo cualquier movimiento. Las mujeres velaron al cuerpo del ahogado durante todo el día y toda la noche y, cuando las autoridades se llevaron el cuerpo, metiéndole sin ninguna consideración en aquella bolsa de plástico negra, hicieron un pequeño túmulo con los guijarros de la orilla en el lugar exacto donde la mujer había velado durante tanto

---

dilectus», al igual que la versión original en griego, que también carece del modificante «muy» («ho huios mou ho agapetos», es decir, «mi hijo, el amado»). Adam Glover ha aportado las referencias a las ediciones de la Reina Valera, la Vulgata, y la versión original en griego.

tiempo y donde después había descansado el cuerpo inerte del joven africano.

Desde entonces todo el que pasa añade un guijarro al modesto túmulo y algunos dicen que, si uno se detiene un momento y mira hacia el mar, puede escuchar el lamento o la plegaria o la canción de cuna de aquella a la que ya todos llaman la Virgen de las pateras, nuestra señora de los naufragios.

Federico García Fernández

«Kamal»

«Kamal»

Federico García Fernández

Se llama Kamal. Tiene diecinueve años. Hace dos meses que llegó a Granada, pero muy pocos lo saben. Es de una pequeña aldea cercana a Marrakech, de ésas tan pintorescas que aparecen en los libros de viajes, con casitas blancas y esbeltas palmeras que evocan el escenario de cuentos maravillosos. Pero Kamal pasaba hambre.

Ahora está tumbado en una esquina del largo asiento de piedra. Al frente, por encima de las almenas y las hojas de algunos naranjos, se contempla una hermosa vista de Albaicín.[42] Son las seis de la tarde de un domingo de octubre. Ha venido a La Alhambra[43] sólo para tenderse en aquel asiento

[42] Albaicín: en general, barrio construido en una altura; en este contexto El Albaicín es el antiguo barrio musulmán de Granada, declarado Patrimonio Cultural de la Humanidad por la Unesco. Mantiene el trazado urbano de la época nazarí y ofrece una magnífica vista de La Alhambra y de la ciudad de Granada.

[43] La Alhambra: denominada así por el color rojizo de sus muros (en árabe qa'lat al-Hamra o Castillo Rojo), este complejo palaciego y fortaleza está situado en la ciudad de Granada. En el siglo XIII, el primer rey nazarí, Mohamed ben Al-Hamar (1238-1273) fija la residencia real en

que hace de pretil en los jardines que miran al Darro.[44] Le gusta contemplar el barrio árabe. Le trae lejanos recuerdos.

El cielo es de un azul puro que resalta aún más el encalado de los cármenes.[45] Entre las casas de un blanco inmaculado, se elevan cipreses que proclaman la gloria y el santo nombre de Alá. Al menos, a Kamal le gusta imaginar que es así. Mirando aquella colina poblada, siente que sus ojos no le pertenecen ni son de su época, sino de muchos siglos atrás, de algún joven de la corte del sultán.

Tendido, olvidado del tiempo, no presta atención a las conversaciones de los turistas que se acercan a aquel lado del recinto. Tampoco a los relojes que huyen. En su soñar, le llegan las notas de un laús, los sonidos sensuales del rabel y la flauta, y adivina los velos de las mujeres que danzaban en la penumbra de los palacios, escucha el tintineo de las joyas en sus brazos femeninos y aspira el perfume de sus cabellos, y le parece que no está vestido con los pantalones rotos y la sucia camisa que ahora lleva, sino con larga aljuba[46] de seda. Le gusta imaginar que no es el que está ahora tendido

---

La Alhambra. A reyes nazaríes posteriores, como Yúsuf I (1333-1353) y Mohamed V (1353-1391), se deben gran parte de las construcciones de La Alhambra que han perdurado hasta nuestros días. Sus interiores son muestras del arte árabe en su máximo esplendor.

[44] Darro: río pequeño pero de caudal constante que atraviesa el casco urbano de Granada y que surte agua a La Alhambra.

[45] Cármenes: en Granada, quintas o casas de campo con huerto o jardín.

[46] Aljuba: vestidura morisca, especie de gabán o chupa con mangas cortas y estrechas usada también por los cristianos españoles.

sobre el muro, solo y afligido, sino un dignatario del emir o, por qué no, el mismo príncipe, admirando su reino de Al-Andalus en el bello anochecer. Si fuera verdad, si lo que le había pertenecido en otro tiempo fuera verdad, ahora no tendría que bajar a la ciudad como un mendigo, como un paria escupido por el desierto del hambre. Si no fuera el extranjero que los hombres habían hecho de él, le bastaría con traspasar la puerta de los palacios nazaríes y ser atendido por sus propios esclavos. A veces tenía ese sueño: dormir a solas en aquel palacio. Soñar la última gloria de sus padres más antiguos.

Pero los caminos del Altísimo, se repite Kamal, son extraños y su voluntad es incomprensible para los hombres.

Kamal comienza a bajar por la cuesta que atraviesa el bosque de La Alhambra.

—¡Eh, tú, moro! —grita uno de los jóvenes rapados del grupo, cerrándole el paso. Fuman y beben en uno de los bancos.

La noche enmudece, cómplice, entre los olmos centenarios. El rumor de las aguas se hace invisible entre los arrayanes.[47] Kamal, sordo a la lengua de los infieles, responde con miedo en los ojos. Pero ellos no comprenden el lenguaje de un hombre asustado.

—¿Pero tú qué haces aquí, pedazo de mierda?

—¡Dale, Fernan! Que aprenda a cruzar el Estrecho.

[47] Arrayán: del árabe ar-Rayhan o Rihan (el «aromático»), el arrayán o mirto es un arbusto verde de flores blancas que crece en amplias zonas del Mediterráneo y cuyas hojas y frutos producen una esencia aromática.

El miedo, como una hiedra feroz, envuelve al joven de la piel más morena.

—¿Pero tú qué te has creído, so cabrón?

Hay un intento de huida. Frustrado.

—¡Sólo vienen a robar!

—¡Y a violar!

Como cristales rotos contra el suelo, se hacen añicos los sueños de Kamal.

—¡Dale! Ya me toca los huevos tanto moro de los cojones.

Si la humanidad no hubiera trazado la cicatriz de las fronteras sobre la Tierra, él no sería ahora un cuerpo derribado por el odio de la diferencia.

—¡Dale, Fernan!

Zafándose de su agresor, Kamal se levanta y huye. Los pantalones están ahora un poco más sucios y la camisa, un poco más rota. En la noche de Granada, un hombre joven es perseguido por el miedo. Arriba lo contempla una luna que derrama su sombra de estaño sobre el agua de los estanques. Le va gritando que tampoco esa noche podrá cumplir el sueño de entrar al patio de Lindaraja[48] y dormir a solas en el palacio del último rey nazarí.[49]

---

[48] El patio de Lindaraja: del árabe Lin-dar-Aixa, este patio está situado en La Alhambra y posee un hermoso mirador que daba al río Darro y desde donde se veía la ciudad a lo lejos. El pabellón de Carlos V bloqueó la vista, por lo que se construyó el Jardín de Lindaraja, italiano, con fuente renacentista y taza de mármol árabe, rodeado por unas galerías de arcos tipo claustro. En el mirador se puede leer el poema: «Yo soy de este jardín el ojo fresco [...]. En mí, a Granada ve, desde su trono».

[49] La dinastía nazarí (de los Nasrí) es el último refugio para los mu-

Ultrajado, Kamal el poeta siente lástima de su vida. Hay una herida en alguna parte de su corazón que le busca el llanto. Mira sus ropas maltratadas y se pasa el brazo por la nariz. Se ha equivocado. El cielo se ha equivocado, repite. En el portal oscuro donde esconde la rabia, habría llorado como un niño si hubiera podido. Siente que se le encoge el alma, o lo que haya en su lugar. Sin saber por qué, le viene al pensamiento la casa de sus padres. Quiere llorar, pero no acuden las lágrimas. En su cara, sólo resbalan unas gotas de sangre.

---

sulmanes de la Península y trae momentos de cierta estabilidad al último reino musulmán en España. Con capital en Granada y en un ambiente de tensas relaciones con los cristianos, que ocupaban ya Córdoba, Sevilla y Valencia, el reino nazarí ocupaba las provincias de Granada, Málaga y Almería y, en la costa mediterránea, desde Algeciras hasta Águilas (Murcia). Como resultado de su impulso organizador, se produjo un notable crecimiento de las ciudades y se fomentó la agricultura a través de sofisticados sistemas de regadío. La cultura conoció también un importante auge, del que dan fe los palacios de La Alhambra y el Generalife.

Andrés Sorel

«La mujer sin cabeza»

«La mujer sin cabeza»

Andrés Sorel

Cuando yo nací, en el año 1972 de la era cristiana, habitamos la casa de la abuela, casa que también perteneciera a su madre. En ella crecí diez años. Quizá los más felices de cuantos viviera. Situábase en el centro de la ciudad, lo que se conoce por la Medina. Era una calleja tan estrecha que sólo siendo niños podíamos caminar cogidos de la mano de dos en dos por ella. Los adultos tenían que hacerlo en fila. Nuestra casa era de las mejores, pues contaba hasta con una puerta de maderas juntadas con gruesos y hermosos clavos en forma de rombos de cabezas. E incluso en su centro, una aldaba.[50] Eso sí, como todas las de aquella época, ninguna ventana asomaba a la calle. Bajando del escalón entrábamos en el zaguán,[51] que de noche apenas me atrevía a aventurarme en él, sola, por la oscuridad en que se sumía. El zaguán desembocaba en el patio. Aquí, salvo en tiempo de lluvia o frío intenso, realizábamos prácticamente nuestra vida: ora-

---

[50] Aldaba: pieza de hierro o bronce que se fija en una puerta para llamar.

[51] Zaguán: recibidor o vestíbulo en la entrada de una casa.

ciones, charlas, tomar el té, lavar y tender la ropa, discutir los asuntos de la familia.

Eran los mayores, las mujeres principalmente, quienes pasaban horas y horas en él. A los pequeños nos dejaban, al volver del colegio, unas horas de asueto[52] y sólo al atardecer se nos obligaba a regresar a casa. El patio tenía un pozo en su centro, ya seco y cubierto con una gruesa tabla circular de madera para impedir que nos asomáramos y pudiéramos caernos. En el extremo una parra paliaba con la sombra que proyectaba los ardores del verano. Al patio se abrían todas las habitaciones. Mi hermano y yo ocupábamos una pequeña, en la que apenas cabían los dos camastros en que dormíamos. La más grande era la de la abuela, que permanecía acostada la mayor parte del día, a la que acudían sus dos hijas, una de ellas, la menor, era mi madre, para estar a su lado y escuchar sus consejos, acompañarla en sus rezos. Cuando se quedaba sola, vigilaba el patio desde el pequeño ventanuco que daba a él, siempre abierto, y continuamente salía de allí el flujo áspero de su voz, recriminando alguna de las acciones de las mujeres, impartiendo órdenes, quejándose por no poder incorporarse del lecho, exigiendo la presencia de alguien a su lado. Cuando la abuela suspiraba, tan hondamente que traspasaba los muros del zaguán y la puerta de la casa, internándose su lamento por el dédalo de callejuelas del zoco[53] y estremeciendo la conciencia de sus habitantes, sabíamos que era preciso dejarla sola, que en

[52] Asueto: descanso.

[53] Zoco: mercado propio de algunos países árabes.

aquellos momentos la angustia la devoraba y nada podía calmarla. Me lo contó mi madre años más tarde: la abuela, pese a su fe, temía a la muerte, y no era sino el conocimiento de que se le marchaba la vida lo que arrancaba a los últimos estertores de sus fuerzas aquellos gemidos estremecedores. A ella, a mi madre, sí daba cuenta de sus dudas. Asía desesperadamente sus manos, intentando incorporarse del lecho, gritándole: dime que sí, hija, asegúramelo, dime que existe el más allá. El profeta dice que todo será gloria y paz en la casa de Dios, pero son palabras puestas en la boca del profeta, ¿voy a entrar yo en la casa de Dios? Mi madre lloraba. Enjugaba las gotas de sudor, sangre parecía, que perlaban su frente intentado calmarla. La abuela se revolvía horrorizada en el lecho. Al fin accedía a tomar una taza de té que mi madre acercaba a sus temblorosos labios. A veces lo vomitaba. Afortunadamente espaciaba aquellas escenas, que nosotros, aunque no presenciásemos seguíamos desde el patio en medio de un pavoroso silencio.

En la habitación de la abuela, la más grande, como dije, se reunían las mujeres de la familia, otras dos hermanas casadas que vivían no muy lejos de nosotros, una prima, alguna otra pariente lejana. Casi todas las tardes acudían a visitarla y a tomar el té en su compañía. La abuela llevaba colgada al cuello la llave de la despensa, en la que se guardaba la harina, el aceite, las especias, los garbanzos, el té, los limones, la carne que se compraba en los días de fiesta. Nunca se desprendía de esa llave, ni consentía en dejársela a nadie. Aunque fuera arrastrándose, era ella quien se desplazaba para abrir aquel cuarto mágico que yo sólo veía desde el patio y extraer lo que se precisaba para la comida. Una pequeña escalera conducía a la azotea, lugar preferido por nosotras, en el que podíamos jugar hurtando la vigilancia de los adultos. Cuando anochecía, la azotea quedaba para uso de los hombres, a los que por otra parte nosotras casi nunca veíamos; solamente en las horas de la comida o de las oraciones a la puesta de sol. En la azotea se refrescaban contemplando de paso el ajetreo de la calle o las innumerables estrellas parpadeantes en el cielo. Apenas tuve trato con mi padre. Éste abandonaba muy en la mañana la casa. Y antes de que yo cumpliera los diez años desapareció. No volvimos a saber nunca más de él. Mi madre lloró, algo consustancial a su vida. ¿Qué haré yo ahora con mis hijos?, decía. Éramos solamente dos y eso terminó por reconfortarla. La abuela, aunque protestara su otra hija, dijo que mientras ella viviese no nos separaríamos de su lado y que no nos faltaría un vaso de leche y un plato de cuzcuz[54] con el que alimentarnos.

Pero la abuela no tardó en morir. El día de la desgracia se congregaron en la casa todos los familiares, hijos, yernos, sobrinos, nietos. Sólo faltaba mi padre. Hablaban en voz baja. Yo notaba cómo nos miraban a mi hermano y a mí casi recriminatoriamente. Tenía miedo. Pero el espectáculo de la muerte absorbió pronto todos mis sentidos. Desde muy temprano desalojamos de la habitación de la abuela todos los muebles que la ocupaban. Colocamos en su centro

[54] Cuzcuz: ver nota 35, p. 178.

una caja de madera, alargada y ancha, el lavadero, en la que acostaron su cadáver. Las mujeres lavaron el cuerpo. Apenas durante unos segundos pude observarlo, desnudo, pues con grandes gritos y aspavientos, incluso un par de bofetadas, me echaron fuera, al patio. Pero nunca olvidaré la impresión que me produjo aquella sobreabundancia de carne, la espesa mata de pelo que se extendía junto a sus muslos, las tetas enormes, caídas, que ocupaban casi la totalidad del pecho. Me dejaron entrar cuando ya la habían perfumado, cerrado sus párpados, taponado sus narices y oídos, y cubierto su desnudez con un sudario blanco que se arrastraba del cuello a los pies. Su rostro ahora parecía sereno, descansado. Tenía las manos cruzadas. Todas las mujeres, y mi madre entre ellas, lloraban, daban alaridos, gritaban: por qué nos has dejado, por qué te has ido, qué haremos sin ti. Llegó un hombre que no conocía, un alfaquí,[55] que con el libro en la mano recitaba versículos del Corán. Al fin se llevaron los hombres el ataúd en que la colocaron, entre cuatro, que ninguna carreta podría entrar en aquella calle. Los niños nos quedamos solos. Subimos a la azotea. Pero desde ella sólo divisábamos el espectáculo cotidiano de la vida. Fuera de nuestra casa, nada parecía haber sucedido.

Cuando regresó mi madre, nos llevó a su habitación. Lloraba. Logró contener las lágrimas diciéndonos: mi madre, que Dios la tenga en su gloria, ya no estará más con nosotros, ya no nos puede amparar, hijos. Tendremos que

---

[55] Alfaquí: entre los musulmanes, doctor o sabio de la ley coránica.

marcharnos de aquí, buscar otra casa. Ignoro cómo vamos a vivir. Yo no tengo ya edad para volver a casarme, ningún pariente puede hacerse cargo de nosotros.

Enseguida reanudó su llanto. Nosotros permanecíamos en silencio. Por primera vez contemplé detenidamente su rostro, su cuerpo, que se sacudía entre sollozos. Había envejecido mucho, demasiado para su edad, comprendí.

A los dos meses de morir la abuela, nos mudamos a una casita de las afueras de la ciudad que sólo tenía dos cuartos y una pequeña cocina con un retrete al lado, sin patio ni zaguán. Mi hermano dormía en la habitación más pequeña y mi madre y yo juntas en la otra. Comíamos en la cocina. Allí también nos lavábamos, en una jofaina[56] que situábamos en la pileta del agua. Eso obligaba a limpiar los cacharros apenas los utilizábamos para tenerla siempre desocupada. Mi madre había conseguido un puesto para mi hermano, que era cuatro años mayor que yo. Me dejaron a mí para realizar todas las faenas de la casa: limpiar, fregar, lavar la ropa, planchar, cocer la sémola con que preparábamos el cuzcuz, que a veces acompañábamos de garbanzos, verduras, y sólo muy de tarde en tarde con un trozo de gallina y algunas cebollas y pasas. También compraba el pan. No pude en cambio continuar en la escuela: afortunadamente ya sabía leer y escribir.

[56] Jofaina: palangana o vasija ancha y de poca profundidad para lavarse la cara y las manos.

Surgieron agitaciones y protestas, cambios en el país, aunque en nuestra ciudad, en Chaouen,[57] apenas lo notábamos. Y en Chaouen me hice adulta. Cuando cumplí los trece años mi padre repasó la lista de familiares buscando alguno con el que pudiera casarme. Chaouen estaba cambiando. Cada vez venían más españoles a visitarnos. Corríamos detrás de ellos pidiéndoles unas pesetas, cigarrillos, caramelos, lo que fuese. Algunos nos daban. Otros nos hacían gestos con las manos, espantándonos, como si fuéramos moscas.

Y a los catorce años mi madre consiguió casarme. Era un primo suyo, lejano, comerciante, que me llevaba cuarenta años. Cuando diez años después le abandoné y regresé con mi madre, mi hermano ya se había ido de casa. Ahora apenas tengo ganas ni fuerzas para hablar de lo que fueron aquellos diez años en los que permanecí encerrada, cuidando a aquel hombre, satisfaciendo sus necesidades en la noche, cuando no estaba ocupado con la otra mujer que vivía en la casa, su segunda esposa, y que al ser mayor que yo me trataba despóticamente. Ignoro las lágrimas que me tragué durante ese tiempo, las veces en que estuve tentada de huir o suicidarme. De la ciudad sólo recuerdo las calles que recorría cuando iba a visitar a mi madre. Los años se sucedían como en un suspiro, días tras día la misma rutina, sin nada que la rompiese. En cuanto al cuerpo, nada sentía,

[57] Chaouen, también escrito Xaouen (originalmente Chefchauen): esta ciudad fue fundada en 1471 por Mulay Alí Ben Rachid entre Tetuán y Fez. Prosperó en los siglos xv y xvii con la llegada de los moriscos y sefardíes expulsados de España.

le dejaba hacer a él, y él me gritaba, se quejaba de que no le acompañase, me acusaba de estar maldita y de que por eso no le daba hijos. Consolábase con la otra, que un año sí y otro no le daba descendencia. Cuando acudí a mi madre, había cumplido veinticuatro años. Creía ya estar muerta. Y sin embargo fue mi madre quien me sacó de casa, me presentó a otras mujeres, me ayudó a salir de aquel agujero en el que creía haberme internado para siempre. Porque los últimos recuerdos, imágenes, que quedaron grabados en mi memoria fueron los de aquel año 84 en que todavía vivía con mi madre, en que era libre. El resto es como si se hubieran borrado de mi mente, nunca existieran.[58]

Nadiva Mernissi callaba, reconcentrándose en sus recuerdos, alineándolos para trenzar la última historia de su vida, la más trágica, la que daba aliento a su voz.

«¡Qué hermosa era mi ciudad! No existe una ciudad tan bella como Chaouen. Ahora recuerdo lo feliz que fui en ella, recorriéndola cuando era pequeña, todavía no fijada la fecha de mi boda. Pensaba que nunca la abandonaría, y que en ella alcanzaría la felicidad. En el mundo no podía encontrarse un lugar tan bello como aquel donde yo naciera. Por eso venían tantos españoles a visitarnos.»

Nadiva no puede ya llorar. Permanecía en pie, en silencio, mientras todos aguardaban, expectantes, la continuación de su relato.

Y siguió hablando con parecidas palabras.

---

[58] Nótense los cambios narrativos a partir de este momento.

«Me acuerdo de lo que antes de morir le dijo un día mi abuela a mi madre»:

—Comprendo, hija, que tendrás que salir de casa, ponerte a trabajar y pisar la calle todos los días, y no para visitas corteses precisamente. Rompemos nuestras tradiciones y me da miedo, pero tal vez así estaba escrito en los designios de Dios. Nadie conoce las últimas intenciones de Dios. Y escucho decir a mi alrededor, una y otra vez: con tal de que mantenga a la familia, no importa que la mujer salga, que se vaya a otras tierras. ¿Tenemos entonces que cerrar los ojos, no ver? Costumbres son para los demás las que para quienes fuimos educados de manera diferente no dejan de ser vicios. Pero, ¿quién si no os dará techo, pan, mortaja?[59] Oigo decir y callo. Lloro mucho tiempo y tal vez comprenda, ahora que ya no puedo ayudaros, que ha llegado ese tiempo.

Y mi hermano mayor me había dicho:

—Ya no son mujeres de mala reputación las que emigran, antes sabíamos a qu[é] iban a las grandes ciudades, nosotros los hombres las buscamos, las pagamos y las maldecimos, pero ahora son nuestras propias hermanas, hijas, y si fueran más jóvenes, lo harían nuestras madres. Son los tiempos y las necesidades, que entierran hábitos, tradiciones. No tardarán en cambiar las leyes. También de eso se habla y discute. ¿Acaso las costumbres no están para cambiarlas? El Rey calla, pero piensa y se deja aconsejar. En tiempos de hambre no sirven ya sólo los soldados.

---

[59] Mortaja: sábana o tela en la que se envuelve un cadáver para enterrarlo.

Y al rebelde es más rentable darle puerta que cárcel, aquélla trae dinero y ésta sólo ofrece gastos y odios.

Entre la escasa gente que mientras fui esposa vino a casa para visitarme, recuerdo a una prima, cinco años mayor que yo, que realizó estudios en Rabat y me confesó, sin la presencia de mi marido:

—Tienes que irte de Marruecos. España es un buen lugar. Si posees estudios y emigras, de algo te habrán servido los estudios; y si nunca fuiste a la escuela, aprenderás al menos a ser persona. Durante siglos las mujeres vivimos sin llegar a conocer lo que es la vida. Siempre encerradas, sumisas, obedientes. ¿Y sabes a qué esperábamos? A morir. Como pájaros enjaulados, cantando nuestra propia tristeza. Por eso es mejor volar, no debes tener miedo a volar. Mírate en un espejo, pero sobre todo aprende a ver tu alma y comprenderás qué quiero decir.

Y al fin mi madre, cuando dejé a mi marido, me habló así:

—La familia es lo más importante, lo único que cuenta, la ley suprema, el primer mandamiento del Profeta.[60] Si lo que haces es por su bien, en su beneficio, estará bien hecho. Nuestra familia no tiene dónde caerse muerta. Si le envías dinero, alivias sus necesidades, te defenderá con uñas

[60] Mahoma: profeta fundador del Islam. Mahoma es la castellanización de Muhammad, cuyo nombre completo en lengua árabe es Abu l-Qasim Muhammed ibn 'Abd Allah al-Hashimi al-Qurashi. Mahoma es considerado el último de los mensajeros enviados por Dios para diseminar su mensaje.

y dientes, no tolerará críticas, persecuciones o maledicencia alguna, cerrará los ojos a cuanto hagas, a lo que puedas hacer en otras tierras que ellos no conocen, vagas referencias a las que por otra parte no se presta mucha atención, y dirán de ti que eres la mejor y más respetuosa de las hijas.

Ya dije que mi madre había envejecido. Pero el trabajo fuera de casa abrió sus ojos. Casi no la conocía. No ignoraba que su estabilidad dependía de un hilo, pronto se encontraría en la calle, lo estaban anunciando. Golpeaba la crisis por todas partes. Y las mujeres, mayormente las no jóvenes, serían las primeras en sufrirla. Los nuevos patrones buscaban chicas bonitas, sin prejuicios: les ofrecían pagas míseras y las forzaban a tener relaciones con ellos. La ley del poder y del silencio imponían, en la era de la necesidad, su dominio. Mi madre se había vuelto menos reservada. Pero no quería comentar lo que fue su vida en estos años de soledad. Rechazada por su propia familia, que la consideraba deshonrada porque su marido la abandonó, consiguió salir adelante, por más que el agobio y la penuria la cercaran. Ahora yo casi la desconocía a través de sus palabras. Era ella quien me animaba a huir de nuestra propia tierra.

Pasó un tiempo. Hablábamos de ello, pero resultaba difícil intentar, sin medios, la marcha.

La tarde en que yo estaba culminando mi decisión, en su casa, recibimos la visita de un hermano de mi marido que me reclamaba junto a él bajo amenaza de denunciarme a la policía por abandono de hogar y hurto. Era el mayor de la familia, extremadamente religioso. Tras relatarle algunos de los agravios que sufrí aquellos años por culpa de su hermano, callada y pacientemente, y enjugar las lágrimas que no dejaban de brotar de mis ojos, mi madre le aseguró que no volvería con él, que antes preferiría quitarme la vida y que lo mejor para todos sería que yo me marchase de Chaouen. Al principio él pensó en la posibilidad de que existiera otro hombre en esta historia. Mi madre le contestó: «¿Hombres? ¿Crees que con tu hermano no se ha cerrado el cupo de resistencia?». Movió él la cabeza conmiseratívamente: «Mi hermano no está exento de defectos, cierto es, ¿qué hombre no los tiene? Pero es su marido según la ley. Ella debe obedecerle. No puede abandonar su casa, su tierra, encontrarse con los infieles.» Respondió mi madre: «¿Acaso no nació nuestro mundo, el que heredamos de Abraham, con una emigración? Y el Profeta lo ha dicho: sólo los presos o los enfermos no pueden emigrar.» «Pero el Profeta sólo habla de los hombres, las mujeres son distintas, no tienen para él la misma consideración.» «Te equivocas. Hoy en día ya no existen tantas diferencias. Fuera de nuestra tierra santa, quienes trabajan lo hacen por el bien y el desarrollo de nuestro pueblo, y a él han de volver.» «Esas palabras no sé quién las pone en tu boca, pero no son palabras de mujer.» Relampagueaban sus ojos furiosamente. Temblaba casi al pronunciarlas, agitando su cuerpo, moviendo su dedo índice en dirección al cielo. «Nuestros libros sagrados lo escriben, y nuestras tradiciones son leyes para nosotros. ¿Acaso no lo hemos escuchado siempre? En mi propia familia lo sufrimos. Una hermana dijo de abandonarnos. ¿Y sabéis qué respondió el abuelo, al que todos debemos obediencia? Maldita seas, hija, esto respondió, si te vas por tu cuenta. Tu deber es casarte aquí, según nuestras leyes, y traer hijos al mundo. Jamás permitiré que abandones esta casa. Marcharte a tu albedrío como los hombres es convertirte en una impura. Y el abuelo llevaba razón. Porque aquella hermana nuestra le desobedeció a él, nos desafió a todos con su desobediencia, y una noche abandonó la casa. Y no volvimos a saber de ella en años. Hasta que un día nos avisaron de que se encontraba enferma, muriéndose en un hospital de Tánger. Y allí fuimos. Y comprobamos que la maldición del abuelo la acompañó de por vida. Porque se convirtió en una prostituta y ahora pagaba las culpas de su impiedad.»

¿Cuántas veces escuché palabras similares a éstas, historias semejantes? Los vientos sin duda barren las palabras y ocultan en el pozo más hondo de la conciencia las leyes.

Mi madre insistió: «Sí, tradicionalmente son los hombres quienes emigran, pero ahora nos toca a nosotras hacerlo para buscar el sustento de nuestras familias cuando no existe otra manera de conseguirlo, para sobrevivir cuando nos convertimos en un estorbo, en una carga que nadie quiere. En Marruecos falta el trabajo: ¿qué podemos hacer sino buscarlo en otras tierras, en Europa?» Pero él se resistía: «Dios maldice a las mujeres que pretenden convertirse en hombres, que salen a trabajar fuera del ámbito de la familia».

Pero Dios, al que temíamos y respetábamos, se encontraba cada vez más lejos.

«¿Acaso es mejor morirse de necesidad? Vivimos otros tiempos. La buena mujer, sumisa y obediente, trabaja como una bestia, y lo que es peor, para limpiar y limpiar, restregando con sus dedos, con las lágrimas un plato en el que no hay comida.» «Pero así fue y así ha de ser siempre. Dios provee cuando tiene que proveer, él es el que sabe, no lo olvides, a él, a su voluntad, debemos someternos todas las criaturas nacidas y por nacer. Antes muerta que rebelde. La mujer no ha de salir más que dos veces en su vida de la casa: la primera, desde la del padre a la del marido; la segunda desde la casa del marido al cementerio. Y tu hija ha desobedecido ese precepto divino. Es cuanto tengo que deciros. A partir de aquí, os atendréis a las consecuencias si no respeta las leyes.»

Él regresó, ya que no convencido, algo apaciguado. Cumplió con su deber de hermano. Sabíamos que esa noche no nos denunciaría, tal vez mientras no le presionaran no se presentaría a la policía, mas no nos fiábamos.

Decidimos acelerar los planes para mi partida. Fue mi madre quien una vez más me sorprendió con aquel puñado de billetes que sacó Dios sabía de dónde: «Son los ahorros de toda mi vida —dijo—. Estaban destinados para cuando muriera. Pero ahora tendrán un fin mejor. Tú eres lo que me queda, hija. Y seguro que donde te encuentres te acordarás de mí. Quién sabe, tal vez algún día, si antes no muero, y eso sólo Dios lo sabe, regresarás a mi lado. Yo te acompañaré a Tetuán. Conozco a un hombre que te ayudará a cruzar el Estrecho».

Se limpió una lágrima, intentando sonreír. «¿Sabes cómo llaman a esa operación? «Ir de atunes».[61] Te vas a convertir en un atún más, hija.»

Nos abrazamos. Y al día siguiente nos pusimos en camino. El hombre al que dijo conocer, y del que yo no quise preguntarle nada, fue quien nos condujo al café donde nos esperaba el tiburón,[62] que era el patrón de la patera[63] que

---

[61] «Ir de atunes»: Los inmigrantes realizan un recorrido casi idéntico al de los atunes que en el verano migran hacia el norte en busca de aguas más frescas. Atunes e inmigrantes clandestinos costean el continente y pasan el Estrecho de Gibraltar siguiendo una trayectoria paralela. Así, «atún» ha pasado a designar en la literatura a aquellos inmigrantes que tratan de cruzar el Estrecho y alcanzar las costas españolas en embarcaciones de fortuna. Ver Andrés-Suárez/Kunz /D'Ors 2002: 57. Muñoz Lorente también confirma en su novela *Ramito de Hierbabuena* que «atunes» es como se llamaba a los emigrantes (2001: 280). Otros términos deshumanizantes para inmigrantes clandestinos son «pajaritos», «mojaítos» o «borregos», que los designan como carga o mercancía que se transporta en las bodegas de los barcos y no como personas. Ver además Nash 2005.

[62] Tiburón: perteneciente a las mafias del tráfico de ilegales asentadas en Marruecos, España y toda Europa que suelen involucrar a varios intermediarios, el término se refiere a quien cobra por cruzar la frontera a la gente en pateras. Para los vocablos utilizados para referirse a los intermediarios de las redes mafiosas, tales como «pasador» para referirse al jefe de la patera o a los términos árabes *harague* y *raïs*, entre muchos otros, ver Andrés-Suárez/Kunz/D'Ors 2002.

[63] Patera: embarcación pequeña y abierta, de fondo plano y de poco calado que, por extensión, se utiliza para referirse a cualquier tipo de embarcación de endeble construcción y poco segura utilizada por grupos de inmigrantes para acceder clandestinamente a las costas del sur de España desde diversos puntos. Otros tipos de embarcación utilizados para el transporte de inmigrantes clandestinos son las balsas hinchables y los *zodiacs*.

una de aquellas noches nos trasladaría a España. Sólo debíamos esperar a que desapareciera el poniente que ahora soplaba y un suave levante[64] nos impulsara hacia la nueva vida.

Mi madre me preparó un hatillo[65] que metimos en una pequeña bolsa de plástico: una lata de bonito en escabeche,[66] una botella de agua, unos pantalones, una blusa y un pañuelo, para cambiarme al llegar a tierra. Y cuatro mil pesetas[67] que me sobraron después de pagar al patrón el coste de la travesía.

Me encontré junto a quince hombres y otras cuatro mujeres subiendo a un destartalado camión. Cubrieron nuestros cuerpos con unas lonas. La última visión que tuve de mi madre fueron sus lágrimas y su mano diciéndome adiós. El hombre que me facilitara la huida era ya mayor y vestía a la europea. La tenía agarrada por la cintura mientras fumaba nerviosamente y clavaba sus ojos en el camión, que no tardó en arrancar camino de la playa.

Dejé de recordar cuando naufragamos. Luego fuisteis vosotros quienes me informasteis de que la hélice de un barco partió en dos mi cuerpo y de que todavía no ha aparecido

---

[64] Poniente: viento del oeste; levante: viento del este.

[65] Hatillo: conjunto de ropa y enseres personales envuelto en un paño o tela.

[66] Bonito en escabeche: el bonito es parecido al atún pero más pequeño y de carne más blanca; en escabeche es preparado en adobo hecho con aceite frío, vinagre, hojas de laurel y otros ingredientes para conservarlo y para darle sabor.

[67] 4.000 pesetas equivalen a 24 € o a 33,89 USD.

mi cabeza. Mi alma está por eso doblemente conturbada. ¿No podrá entonces mi madre cerrar los ojos de su hija Nadiva?

Ángela Vallvey

«Cruce de civilizaciones»

«Cruce de civilizaciones»

Ángela Vallvey

Mi nombre es María Richel. El María lo añadió el cura por su cuenta el día de mi bautizo, dijo que, si no, aquello no parecería cristiano y, evidentemente, todos deseaban que lo pareciese dado que nadie protestó. Mi madre me puso Richel porque lo sacó de una película. Ya no recuerdo cuál, ni si era el nombre de alguno de los personajes o si simplemente lo leyó en los créditos. Dice que no puede acordarse de tantos detalles, que sólo entró al cine Goya a llorar porque acababa de enterarse de que estaba otra vez embarazada. Richel tenía la ventaja de que, además de original y extranjero, empezaba por «r». Mi hermana mayor se llama Alibech, le sigue mi hermana Bárbara (el cura también añadió su María correspondiente), luego está Carlota, después viene Daniela. Y yo, Richel, soy la más pequeña. A mi madre le encantó la idea de que el nombre empezase por «r», ya que, según dice, comenzó a sospechar que las hijas le venían por orden alfabético, y pasar desde la «d» a la «r» la dejó muchísimo más tranquila, porque menudo salto en el abecedario.

Y debía de llevar su parte de razón: detrás de mí ya no ha llegado ninguna más, aunque ella no deja de tocar madera. Yo ya tengo diecisiete años. Mi hermana Alibech ha cumplido veinticuatro, Bárbara veintidós, Carlota veinte y Daniela diecinueve. Todas sin excepción nacimos en diciembre, así que nos tememos secretamente que marzo es un mes terrible para papá.

Luego está mi abuela Felicidad, la madre de mi madre, que vive en casa con nosotras y a la que mi padre odia como en un acto de fe, de tanto empeño como le pone. Y mi madre, claro, que se llama Maribel y dice que no entiende por qué a ella no se le ha dado bien lo de la planificación familiar.

Somos siete mujeres en casa, y un solo hombre, Manuel, mi padre. Yo a veces le tengo un poco de pena: es como una de esas minorías raciales que no tienen nada que hacer en democracia porque nunca tendrán votos suficientes para hacerse oír por la mayoría. Aunque sea tan bruto, yo lo quiero bastante. Debe de ser el último hombre al viejo estilo que aún queda sobre la faz de la tierra, con sus buenas dosis de testosterona, puños y güisqui por doquier. Pegaría más en una película del Oeste que aquí y en estos tiempos. Pero tiene buen corazón. Aunque por muy buen corazón que sea, como lo tiene situado entre el hígado y la bragueta, ese detalle apenas lo nota nadie más que yo, que suelo prestar bastante atención a todo.

Cuando se encuentra a algún conocido por la calle, o alguien que llegue a la tienda le pregunta: «¿Qué tal estás, Manolo?», él responde: «Resistiendo, sigo resistiendo». Y lo dice sin ningún sentido del humor, porque no tiene. Se limita a decir la verdad, siempre la ha dicho sin importarle que llueva o truene, lo que me parece un mérito. Hoy día no hay mucha gente sincera, todos están ocupados en parecer más que en ser.

Somos siete mujeres, más nuestra perra, Carmina Soto. La perra se llama Carmina Soto porque ése era el nombre de una vecina que se llevaba muy mal con papá, de modo que cuando mi padre compró una perra le puso el nombre de la vecina, con apellido y todo. Aseguraba que experimentaba un perverso placer cuando pasaba al lado de la vecina y le decía a nuestra perra: «¡Siéntate en el suelo, Carmina Soto! Ahora mismo. Va, va...». Nuestra perra es hembra, aunque si hubiera sido macho se habría llamado igual, mi padre no detiene sus propósitos por algo tan superficial como el sexo de un ser vivo. A él le preocupan las cosas verdaderamente irremediables. Pero, bueno, el caso es que la perra también es hembra y ha estado empeñada en demostrarlo desde que se hizo adulta pariendo camada tras camada de cachorros, hasta que mi padre dijo: «¡Hasta aquí hemos llegado con el libertinaje!», y la llevó a que la esterilizaran. Desde entonces, la perra no es la misma pero, por lo menos, aunque esté triste puede disfrutar de una vida sexual desinhibida y segura lo que, según papá, es mucho más de todo lo que él desea para nosotras, sus hijas.

Con siete mujeres y una perra en casa, no es raro que papá beba de vez en cuando. Claro que quizás, si en vez de chicas fuésemos leñadores, mi padre se hubiera inventado otra excusa para salir de copas, como repite constantemente la abuela.

Hace poco le dio un jamacuco[68] a papá y tuvo una pelotera con la abuela que casi salimos en el programa de televisión *Imágenes Espeluznantes*,[69] que es mi favorito. De repente se puso como loco y la pagó con todas nosotras diciendo: «Rajaaas, cojón de mi corazón, que yo me tenga que pasar la vida entre piloneees, que yo no vea más que mejilloneees desde que me levanto hasta que me acueeesto!».[70]

Si bien es cierto que aquel día había amanecido agarrado a la botella de Fundador,[71] y eso no era una buena señal para nada. La armó tan gorda, queriendo echar a la abuela a la calle, cuando en realidad la casa es de ella, que casi tuvo que venir la policía y arrestarnos a todas, y fundamentalmente a papá.

«¡No, a la Guardia Civil no la llames, Mohamé!», le rogó mi padre a un vecino. Mohamé es moro, o árabe, que es como hay que decirle, aunque mi padre le sigue diciendo *El Moro*, y a mí ya se me han pegado algunas cosas de mi padre. Pues Mohamé al final no llamó a los picoletos,[72] y entre todas sujetamos a papá mientras la abuela Feli se escondía en su habitación con llave. Afortunadamente la casa donde

---

[68] Jamacuco: indisposición repentina pero no grave.

[69] *Imágenes Espeluznantes*: nombre que alude a programas televisivos sensacionalistas de la telebasura.

[70] El padre se queja, a través de burdas alusiones al sexo femenino, de que tiene que pasarse la vida entre mujeres.

[71] Fundador: marca de coñac popular.

[72] Picoletos: sinónimo despectivo de Guardia Civil.

vivimos es grande y hay sitio para que te puedas esconder. En la parte baja tenemos la tienda, una tienda de antigüedades, en la que abundan los trastos viejos, más que antiguos. Es una especie de almoneda[73] donde hay de todo lo que no debería haber, como dice mi madre. Luego tenemos tres pisos encima que habitamos nosotras y una terraza desde donde se ven los tejados de la manzana, la Gran Vía si miras hacia abajo, y las callejuelas que bordean la calle Elvira[74] hacia arriba. La abuela dice que, cuando ella se muera, la casa será de mi madre, que para eso es su única hija, pero que a mi padre no le tocarán ni los desagües.

Mohamé no es un inmigrante, en realidad, porque él vive aquí desde mucho antes que yo naciera, y por entonces no había inmigrantes, sino moros que venían y se quedaban si conseguían buscarse bien la vida, y ya está. Mohamé tiene una cara de moro impresionante, pero es simpático y sonriente, y nunca se ha casado a pesar de que, según mi padre,

---

[73] Almoneda: término de origen árabe para designar un establecimiento donde se venden muebles y otros géneros a bajo precio.

[74] La calle Elvira está en El Albaicín, barrio histórico-pintoresco de Granada. Discurre paralela a la Gran Vía y desemboca en Plaza Nueva. Es una de las preferidas por los visitantes por sus bazares árabes y tiendas artesanas, lugares para el entretenimiento y donde alojarse. En esta calle se sitúa el famoso poema «Granada», de Federico García Lorca, que comienza así: «Granada, calle de Elvira, / donde viven las manolas, / las que se van a La Alhambra, / las tres y las cuatro solas. / Una vestida de verde, / otra de malva, y la otra, / un corselete escocés / con cintas hasta la cola. // Las que van delante, garzas / la que va detrás, paloma, / abren por las alamedas / muselinas misteriosas. / ¡Ay, qué oscura está La Alhambra! / ¿Adónde irán las manolas / mientras sufren en la umbría / el surtidor y la rosa?...».

podría casarse con diez mujeres a la vez si quisiera, dado que su religión se lo permite.

—Imagínate… —dice mi padre haciendo un rictus de amargura—, ese capullo[75] de Mohamé, que podría tener la casa llena de mujeres, es tan listo que no tiene ni una. Y yo, que soy católico y apostólico y romano, y más tonto que una patata, tengo la casa llena… La vida es injusta se mire por donde se mire.

Al día siguiente de pelearse con la abuela mi padre, con toda su resaca, se empeñó en que, ya que estaba hasta la gorra[76] de mujeres, tenía que procurarse compañía masculina, un ambiente de hombría y todo eso. Dijo que le apetecía pegar tiros y matar, emborracharse y poder eructar sin que una de nosotras encogiera la nariz y lo castigara con esa mirada de maestra que parece que se nos pone cada vez que él hace cualquier cosa, incluido respirar. De modo que, ni corto ni perezoso, papá fue a alistarse de voluntario en la Legión. Pero en el Gobierno Militar le dijeron que era demasiado viejo para eso, y montó otro sarao llamando «caballo de cartón» al que le atendió, que por lo visto era un tipo importante por allí.

Afortunadamente parece que papá era también demasiado viejo para arrestarlo, así que un soldadito lo acompañó de nuevo hasta la tienda, donde esperaba mi madre que se había pasado toda la mañana diciendo: «Dios mío, Dios

---

[75] Capullo: vulgarismo para un hombre ingenuo, torpe y de poca experiencia.

[76] Estar hasta la gorra: estar harto.

mío, Dios mío...», y claro, espantando a los clientes. Luego mi padre invitó al soldado a tomarse una copita de licor de menta hasta que entró mi hermana Bárbara, que trabaja en una pastelería de la Gran Vía y huele a azúcar glasé todo el tiempo; entonces el chico se puso a tontear con ella y mi padre le dijo, con toda la amabilidad de la que es capaz, que no es mucha: «Haz el favor de irte en cuanto te termines el trago, y deja en paz a mi niña, que no quiero apurar el vaso con las prisas de tener que romperte las piernas».

El muchacho se fue corriendo y mi hermana torció el morro y replicó: «Desde luego, papá, es que desde luego...». Y subió al piso de arriba mientras mi madre coreaba desde la tienda: «Si, desde luego, llevas razón, hija, porque es que desde luego...».

Supongo que, a veces, las mujeres somos enigmáticas porque nos sale así.

Yo estaba allí también porque había terminado mis clases en el instituto y no tenía mucho que hacer, le quitaba el polvo a un tocador de caoba que no conseguíamos vender porque era demasiado precioso para ser barato, y últimamente la gente sólo buscaba cosas baratas como mesitas de noche de mimbre de tercera o cuarta mano, muebles de formica para los cuartos de baño de sus pisos alquilados, estanterías de pino sin barnizar y mesas tocineras[77] viejas que luego pintaban de colores chillones. Gracias a las ventas de co-

[77] Mesa tocinera: tabla ancha y cóncava que se usaba como mesa para salar el tocino en las casas y para hacer chorizo y otros productos derivados de la matanza del cerdo.

sas como ésas podíamos seguir haciendo sitio para bellezas como aquel mueble, que tenía más de cien años y alguien había fabricado con las manos sin importarle el tiempo que costara acabar el trabajo. Ya no se hacían cosas así. Piezas únicas, dispuestas a durar.

Cuando entró Mohamé, que tiene una tienda al lado de la nuestra de ropa exótica de segunda mano, cirios, joyas de baratillo, perfumes orientales fabricados en Alicante y toda clase de adornos a cual más extraño, mi padre abrió una botella de ron cubano, que le había regalado alguien.

—Y no me digas que… estás en el Ramadán[78] porque no me lo creo —le advirtió al moro. Mohamé negó con la cabeza, sonrió debajo de su barba espesa, con una de esas sonrisas de zorro en un pajar que pone, y agarró el vaso de plástico que le ofrecía mi padre mientras mi madre, muy seria, temblaba un poco. Parece que a mamá temblar le gusta, o que le relaja los músculos, porque lo hace mucho.

—No bebas más, Manolo —le susurró mi madre a papá, pero él hizo como que oía llover y siguió a lo suyo.

El Mohamé es un místico aunque coma jamón, aunque beba güisqui y aunque no pare de coleccionar novias pero no se case luego con ninguna. O por lo menos así se define él. El místico le empezó a dar cuerda a papá.

---

[78] Ramadán: noveno mes del calendario musulmán durante el cual se guarda una rigurosa abstención de alimento, bebida, tabaco, perfumes y sexo, desde la salida hasta la puesta del sol.

—Y notas —le dijo con aquel acento suave que tenía hablando nuestro idioma—, notas qué terrible, salvajemente efímero es todo, Manolo, qué poca importancia tiene.

Mi padre asintió, aunque estoy segura de que no estaba escuchando al *Moja*.

—Pierdes una billetera, Manolo, un amigo, la vida, el tiempo, y qué más da si todo acaba por perderse —le dijo a papá—. Esta mañana, Manolo, me han dicho que se ha muerto mi mejor amigo, amigo de infancia, entiende, lo quería como a mi hermano. Ahogado, Manolo, en el estrecho. Ese mar, ese mar... Unas vidas se pierden y otras nacen. Vamos al mar, venimos del mar... ¡Ah, el mar!, como dijo el poeta...

Mi padre, que en toda su vida no ha leído más que las etiquetas de las botellas de Anís el Mono,[79] no creo que supiera lo que dijo sobre el mar ese poeta en concreto. Pero su ignorancia no le ha preocupado nunca tampoco, o sea que lo lleva bien. Sonrió y su muela de oro brilló al fondo de su sonrisa como en los anuncios de la Coca-Cola, con una estrellita dorada que hacía «tín».

—Que la vida son los ríos que van a dar a la mar, que es el morir...[80] —terminó de decir Mohamé, y mi padre asin-

---

[79] Anís del Mono: marca popular de anís.

[80] El «moro», más culto que el español, recita los famosos versos de Jorge Manrique pertenecientes a las «Coplas por la muerte de su padre»: «Nuestras vidas son los ríos / que van a dar en la mar,/ que es el morir;/ allí van los señoríos / derechos a se acabar / y consumir; / allí los ríos caudales, / allí los otros medianos /y más chicos, / y llegados, son iguales / los que viven por sus manos / y los ricos».

tió comprensivamente, aunque conforme iba bebiendo más y más, menos espacio para la comprensión iba dejando en él el alcohol—. Mi amigo estaba ya muy viejo para cruzar el Estrecho. Eso hay que dejárselo a los chiquillos. Ay, pero... ¿qué estoy diciendo? La muerte, la muerte no se la puede uno dejar a nadie, Manolo. A nadie.

Mamá dijo que ella iba a subir para ayudar a la abuela a preparar la cena. Entonces entró un cliente que buscaba sillas de enea[81] de las de antes y yo le acompañé al fondo para buscar entre un montón de cachivaches que nos habían traído de un pueblo de los alrededores. Eran las pertenencias de una viejecita. Absolutamente todo, incluida la ropa interior. La anciana no tenía familia y se la había encontrado muerta el empleado municipal que revisaba el contador de la luz. Estaba sentada sobre una silla de enea de las de antes, en su cocina, y el forense dijo que llevaba veintitrés días muerta. El que nos trajo el cargamento compró a precio de ganga.[82]

—¡Son las sillas que estaba buscando! —el cliente me miró y sonrió con la cara iluminada.

—Pues tiene usted suerte —le contesté yo—, porque son baratísimas.

Inmediatamente me dio un poco de repelús[83] al pensar que a lo mejor el tío aquél acababa sentando en la silla don-

[81] Sillas de enea (o también anea): sillas con asientos tejidos de la hoja seca de esa planta.

[82] A precio de ganga: por muy poco dinero.

[83] Repelús: temor o repugnancia inspirado por algo o escalofrío producido por esa sensación.

de encontraron muerta a la vieja a sus niños. Pero el negocio es el negocio, y yo también le sonreí a él.

El tipo dijo que iba un momento a por su coche, que lo había aparcado encima de una acera por los alrededores, y que él mismo se las llevaría. Normalmente es Daniela la que hace los repartos en una furgoneta que tenemos, y le acompañan papá y el dependiente de Mohamé si es mucho peso. Daniela es muy fuerte, casi tanto como un hombre. También conduce ella porque raramente nos fiamos de que lo haga papá. Más que por temor a que se mate, la abuela dice que por temor a que atropelle a algún desgraciado y luego tengamos que indemnizar a la familia y a ver con qué.

A pesar de que acababa de hacer una venta, aquel día no sería bueno después de todo, pero yo todavía no lo sabía y me sentía razonablemente feliz.

Mohamé y papá ayudaron al hombre a meter seis sillas en su Seat Panda. Hecho eso, yo tuve que echar una mano para meter al hombre también dentro del coche, en el asiento del conductor. Cuando acabamos de hacerlo su cara tenía un color más bien sospechoso y había un atasco que empezaba justo detrás de nosotros, se empezaban a oír los cláxones y las maldiciones de los otros conductores y mi padre no hacía más que lanzarle miradas torcidas al que teníamos más cerca, un señor con un dibujo de Bugs Bunny en la corbata, gafas y un teléfono móvil pegado a la oreja. Gesticulaba como si estuviera maldiciendo, pero yo le sugerí a Manuel que tal vez estaba hablando por el teléfono después de todo.

Papá se serenó un poco y el cliente arrancó a duras penas. El atasco comenzó a deshacerse como un nudo corredizo.

Era casi la hora de cerrar la tienda, estaba anocheciendo y hacía una temperatura agradable. En marzo la ciudad comienza a brotar como un macetero que alguien ha abonado y regado en invierno. Los geranios se abren, los jazmines parecen salir de cualquier parte. Pero en mi calle casi todo eso lo ahoga la polución que van dejando los coches. Es como si los geranios de la calle Elvira fueran latas oxidadas, y los rosales apuntan hacia el suelo, igual que si estuvieran pensando en lanzarse al vacío desde los balcones. Granada es hermosa, pero no está pensada para los automóviles.

Marzo no nos gusta ni a mí ni a mis hermanas. Sobre todo por papá.

Yo subí a casa, dejé a Manuel y a Mohamé intercambiando filosofías baratas sobre el río de la vida. Y anoté mentalmente que debía bajar después, para asegurarme de que habían cerrado bien la tienda.

Nada más abrir la puerta de la casa, supe que algo andaba mal. Carmina Soto, que últimamente estaba muy deprimida, apenas levantó una oreja cuando me vio pasar y agitar las llaves, como hacía siempre que entraba esperando que así acudiera a frotarse contra mis pies. Tuve la sensación de que el animalito no quería inmiscuirse en lo que pasaba en la casa, que pensaba que fueran cuales fueran nuestros problemas, no eran asunto para una perra.

Me puse en guardia.

Entré en el salón y me encontré a mi abuela, a mi madre y a mis hermanas reunidas alrededor de la mesa.

Estaban pálidas, y me miraron con cara de susto.

—¿Qué pasa? —les pregunté.

—Carmina Soto está embarazada —me dijo mi madre, al borde del colapso.

—¿La perra? —pregunté escandalizada—. ¡No puede ser, si es estéril, si tenemos el certificado del veterinario!

—No, no… —replicó Daniela—. La perra no. La vecina. Carmina Soto, nuestra vecina.

—Está embarazada de… ¡Mohamé! —mi abuela se llevó las manos a la cabeza y puso los ojos en blanco.

—Bueno… —me encogí de hombros—. Así el crío no tendrá que cruzar a nado el estrecho de Gibraltar cada vez que quiera venir a visitar a su padre.

Y luego las dejé plantadas allí, cuchicheando y cotilleando igual que cotorras hipertensas, y me fui a la cocina a servirme un refresco.

Lo único malo sería darle la noticia a papá, que adoraba a Mohamé y no podía ver a Carmina Soto ni en pintura. Probablemente mi padre tendría sentimientos encontrados hacia el chavalín cuando naciera. Pero así es la vida.

Antonio Lozano

DONDE MUEREN LOS RÍOS

(fragmento: «FATIHA»)

DONDE MUEREN LOS RÍOS
(fragmento)
«FATIHA»

Antonio Lozano

Ushid, lo había llamado el padre. El primero, el número uno, el varón entre dos hijas. De él lo esperaba todo, y lo había llevado hasta la adolescencia a manotazos limpios, para que no se desviara del camino, le gustaba decir. Los primeros años en la Escuela Superior de Nador[84] *no fueron brillantes. A Uahid no le iban los libros. Lo suyo eran las fantasías, soñar despierto desde la mañana hasta la noche. Ni siquiera los correazos del padre enfurecido frente al boletín de notas eran capaces de bajarlo a este mundo. Y pronto el padre dejó de pegarle por sacar malas notas y pasó a hacerlo por haber defraudado todas, una a una, las esperanzas que había depositado en él. Sus propias frustraciones trasladadas a su hijo, dos en una sola vida, demasiada carga para un hombre como él.*

---

[84] Nador: ciudad de Marruecos situada a 12 km al sur de la ciudad española de Melilla en el Rif. Fue fundada por los españoles en 1908 para explotar los yacimientos mineros de Uixan y como parte del Protectorado albergó la administración del gobierno español.

Fatiha, en cambio, era brillante. Su paso por el Colegio Español fue un paseo triunfal, una cosecha continua de sobresalientes y matrículas. «Lo mejor del colegio», le dijo al padre el director, mejor que los mismísimos alumnos españoles. «Un orgullo para el centro, un orgullo hasta para España. Esta niña debe continuar sus estudios, ir al instituto de Melilla.[85] *El gobierno la becará, téngalo por seguro. España no abandona a quienes le responden.»*

No entraba en los planes del padre que la hija continuara sus estudios, pero la insistencia del director y la visión desoladora de un hijo sin carrera le animaron a dar su acuerdo. Fatiha recorría en autobús cada mañana los doce kilómetros que separan Nador de Melilla. Al terminar la jornada, su padre la esperaba a la salida del instituto y juntos regresaban a casa. Durante los tres años de bachillerato no quedaron defraudadas las expectativas depositadas en aquella adolescente, ya convertida en una mujer sobre la que todas las miradas se detenían. La hermosa Fatiha, la que había usurpado la inteligencia destinada a su hermano, estaba lista para iniciar sus estudios universitarios.

Le correspondía ir a la Universidad de Granada. Su expediente académico le abrió sin dificultad las puertas de una beca del gobierno marroquí. El padre tomó la decisión: estudiaría

---

[85] Melilla: ciudad española autónoma, situada en el norte de África. Pasó a depender de España en el siglo XVI. Ha sido escenario de constantes hostilidades que desembocaron en la Guerra de Marruecos y hoy es centro de atención de los flujos migratorios de población africana al continente europeo.

Farmacia y al terminar instalaría un negocio en la planta baja del inmueble en que, unos años atrás, había invertido sus ahorros y donde vivía la familia. Acompañó a su hija a Granada y le buscó alojamiento en casa de una mujer, viuda cincuentona que alquilaba a estudiantes las habitaciones que no utilizaba para sacar adelante a los suyos. Ahí comería, ahí tendría que llegar nada más terminar las clases y dedicar su tiempo libre a estudiar, sólo a estudiar. Cerrado el trato y aclaradas las condiciones —esas son nuestras costumbres, señora, le pido que las respete—, regresó el padre a Nador y quedó la hija en Granada.

Los padres iban recibiendo regularmente noticias sobre Fatiha: la marcha de sus estudios, sus idas y venidas, su horario. La casera aseguraba al padre que sus deseos se estaban cumpliendo al pie de la letra, que su hija pasaba horas encerrada estudiando. Farmacia es una de las carreras más duras —les decía Fatiha—, nadie lo aprueba todo en junio, pero creo que en septiembre acabaré el primer curso, el más difícil.

Llegó el verano y Fatiha logró lo que pocos alumnos: dejar sólo dos asignaturas para septiembre. Galénica[86] *y Química, las peores, aseguró. Pasó esos meses encerrada en su habitación, de la que no salía más que para comer. En septiembre regresó a Granada. Lo he logrado, llamó a sus padres nada más conocer las notas, ya estoy en segundo curso. Éste transcurrió como el primero, con normalidad, controlado por llamadas semanales.*

[86] Galénica: ciencia puramente farmacéutica que estudia la forma de dispensar medicamentos de forma óptima; también llamada tecnología farmacéutica o biofarmacia.

Pero, a principios de junio, cuando estaban a punto de empezar los exámenes, el cartero entregó al padre una carta certificada que la lenta burocracia marroquí había retrasado hasta ese momento. Fatiha Benhamú había perdido el derecho a la beca del Ministerio de Educación, por haber superado sólo una asignatura del primer curso y no poder acceder por ello al segundo. Una vez aprobados los exámenes tendría la posibilidad de solicitar, por segunda y última vez, la ayuda.

Pasemos por alto contar cómo la furia del padre, en un primer momento, al no tener al alcance de su puño a Fatiha, cayó como rayo en noche de tormenta sobre la vida de Uahid, el número uno que había sido incapaz de responder al destino que Dios y su padre habían trazado para él, llevando así la desgracia hasta la familia, provocando la vergüenza que caía sobre todos ellos. Situémonos directamente en Granada, donde Fatiha, alertada de la llegada del padre, se había refugiado en casa de una amiga, consciente de lo que significaba tener que contarle la verdad sobre lo sucedido durante su estancia en España.

Al llegar a Granada para matricularse en el primer curso de Farmacia y tras el regreso de su padre a Marruecos, Fatiha, la bella e inteligente, vio abrirse ante ella las puertas de una vida nueva. La libertad, la maldita libertad tan temida por el padre. Quiso Satanás poner el cebo a Fatiha en su misma morada: se enamoró locamente, y fue correspondida, del hijo de la casera. Aunque nunca contradijo a su padre mientras le diseñaba su vida de farmacéutica en Nador, sabedora de que eso hubiera significado el fin de sus estudios, había edificado interiormente su propio futuro, en el que el hogar familiar no ocupaba lugar alguno. Pero sí se disponía, y contaba con toda la fuerza del mundo para ello, a afrontar cinco años de estudios, de disciplina, de obediencia, porque ésa era la única llave para acceder a sus sueños.

El amor entre dos jóvenes revoluciona todas las lógicas del mundo: la musulmana, la cristiana, la judía; desbarata los planes de los más previsores; se reinventa el sino de los más predestinados. Empezó la locura, las caricias de noche y de día, los paseos nocturnos a orillas de La Alhambra.[87] *Sobre la moto del enamorado, recorrieron pueblos y ciudades de los alrededores: acamparon en las Alpujarras,*[88] *se bañaron en Salobreña,*[89] *bailaron en Málaga.*[90] *Los estudios fueron quedando para más adelante, siempre para más adelante, y cuando las orejas del feroz asomaron*[91] *sobre sus vidas dichosas en forma de calendario de exámenes, el primero estaba a la vuelta de la esquina.*

---

[87] La Alhambra: ver nota 43, p. 191.

[88] Las Alpujarras: comarca montañosa de Andalucía que incluye parte de la provincia de Granada y de la de Almería. Se halla en la ladera sur de Sierra Nevada.

[89] Salobreña: municipio de la provincia de Granada, en Andalucía, y a orillas del Mediterráneo. Salobreña se asienta en un cerro rematado por un castillo árabe.

[90] Málaga: capital de la provincia de Málaga en la comunidad autónoma de Andalucía. Está situada en una bahía rodeada de sistemas montañosos y a unos 100 km al este del Estrecho de Gibraltar.

[91] «Las orejas del feroz» se refiere a las orejas del lobo; «ver las orejas al lobo» significa figurativamente «hallarse en gran riesgo o peligro próximo» (RAE); que las orejas del lobo asomen alude al peligro inminente que se cierne sobre estos personajes.

Fatiha tuvo que conformarse con aprobar una sola asignatura y, con ese optimismo que siempre acompaña al amor, decidió que durante el verano, sin el amante a su lado, no le sería difícil superar en septiembre los exámenes necesarios para pasar de curso y poder conservar así la beca. La complicidad de su casera, doblegada por la idea de lo que le podría ocurrir a la novia de su hijo, le permitió mantener el secreto ante su padre. Pero no sólo el optimismo acompaña al amor. También desboca los caballos de la fantasía y la imaginación. El calor de la ciudad se convirtió en el del cuerpo del amado y, cuando acercaba sus labios al espejo del armario, estaba besándolo a él. El sol de día, la luna de noche, eran los lugares en que se citaban a diario, desprovistos como estaban de cualquier otro modo de comunicarse.

Septiembre fue aún peor que junio, el verano nada más sirvió para soñar. Ya sólo quedaba seguir hacia delante, cumplir las promesas de enmienda hechas a sí misma, recuperar el tiempo perdido. Pero no hables de ello al pajarillo al que se ha abierto la jaula después de tan largo cautiverio. Echará a volar torpemente, se emborrachará de libertad y no conocerá mayor placer que dejarse llevar, con los ojos cerrados al mundo, por el viento.

El padre no tardó en localizarla. Sabía que en España era mayor de edad y que todavía no la tenía entre sus garras. La convenció para que regresara con él a arreglar los papeles, lo de la beca tenía solución, volvería a Granada. Le puso delante a una madre al borde de la desesperación, la locura, la muerte.

Nada más llegar a Nador, se encerró con ella en su habitación. La golpeó, la pateó, la arrastró por los pelos de una esquina a otra. Le prohibió salir de casa. Ella amenazó con suicidarse, él le propuso ayudarla a hacerlo. La madre, cuya única salida permitida sin velo durante años fue al balcón, aprobó la actitud del marido. Y apoyó su decisión: se casaría con un primo, propietario en la isla de Tenerife de un bazar de artesanía marroquí.

Así lo había decidió el padre y así se hizo. Tras la boda, salió para Canarias con el nuevo marido a su lado y con el amado en su mente, en su corazón, en toda su piel. Tras unos meses de suplicio, consiguió huir. El marido decidió no buscarla. Sabía que nunca lo querría y estaba harto de sus continuos despechos. Prefirió olvidarse de ella, de su cuerpo joven pero congelado en el recuerdo de otro.

Fatiha logró llegar a Granada. Se dirigió en taxi hasta su antigua casa. Desde que se fue de la ciudad, no había podido contactar con el novio. En Nador, impensable; en Tenerife, imposible, con la suegra siguiéndola como una sombra por toda la casa, de la que no podía salir sola. Hasta que te olvides de él, le decía el marido. Hasta que me aceptes. Podría haber telefoneado desde el aeropuerto, pero se contuvo y prefirió sumar la sorpresa a los fuegos artificiales del reencuentro. Subió los escalones dos a dos. Cuando estaba a punto de llegar al tercer piso se cruzó con una pareja. Él, su novio, y ella, otra mujer, rodeada por sus brazos, como le gustaba hacer con ella. Se miraron fijamente. El rostro del hombre se tiñó de rojo. Antes de que pudiera pronunciar una palabra, ella ya se había dado la vuelta y corría escaleras abajo.

No era cuestión de seguir en Granada. Regresó a Tenerife. Estaba casada y no podría obtener un nuevo pasaporte sin el permiso de su marido. Imploraría a éste su perdón y se acomodaría a su destino. Quizás, viéndola sometida a sus deseos, le permitiera estudiar. Todo había vuelto a su lugar, al orden natural de las cosas, de las cosas que le correspondían a ella, la chica musulmana hermosa e inteligente.

Pero el marido no la quiso a su lado. Durante su ausencia la había repudiado. Podía hacer lo que quisiera, era una mujer libre, pero no quería volver a verla. Lo había puesto en ridículo, había desaprovechado su oportunidad. Le dio algo de dinero, poco, para que le supiera a limosna,[92] *y le dijo adiós.*

Ni hablar de regresar a Nador. Su familia no existía ya para ella. Sólo era una pesadilla que olvidaba de día y la asediaba de noche. En sueños le volvían a caer encima los puños del padre, los reproches de la madre, las risas burlonas de los hermanos. Los palos de la vida, asestados uno tras otro sin piedad. Y ante ella no había más futuro que el de arrastrar su inmenso sufrimiento hasta la muerte.

Ésa soy yo, joven perdida en las calles de Tenerife, con unas cuantas monedas en los bolsillos, condenada a salir de esta isla donde nadie me retiene. Con el pasado sustraído a palos, obligada a reinventarme una vida, partiendo de la nada, sin más recurso que mi propio cuerpo.

[92] Limosna: donativo o caridad para socorrer a los pobres.

Najat El Hachmi

Yo también soy catalana/ Jo també sóc catalana

(fragmentos)

Yo también soy catalana/ Jo també sóc catalana[93]

(fragmentos)

Najat El Hachmi

[PRIMERA PARTE: LAS LENGUAS MATERNAS][94]

6

Entramos en una tienda antigua, de toda la vida, medio ancorada en el pasado. Aún hay olor de siglos tras el mostrador. Los dependientes, tan formales, con los cabellos bien peinados recuerdan los de otras épocas, quizás el señor Eladi de la Rodoreda.[95] ¿Qué le pondremos, señora? No dejan de

---

[93] Traducción de Sílvia Roig Martínez.

[94] La novela *Jo també sóc catalana* está organizada en cinco partes: Les llengües maternes; Identitat fronterera; Mesquites i esglésies, Dones d'aquí, dones d'allá; De records i absències, y viene precedida de un prólogo.

[95] Se refiere a Eladi, un personaje que es dependiente de una sastrería en la novela *Mirall trencat* (*Espejo roto*), 1974, de la gran escritora catalana Mercè Rodoreda (1908-1983). Otras obras suyas son: *Aloma*, 1938 (revisada en 1969); *La Plaça del Diamant* (*La Plaza del Diamante*), 1960; *El carrer de les camèlies* (*La calle de las camelias*), 1966; *Jardí vora el mar* (*Jardín cerca del mar*), 1967; *La meva Cristina i altres contes* (*Mi Cristina y*

mirar atentamente a la clienta que quiere unos ganchos para las cortinas nuevas, ya se sabe, ¿no?, que con el tiempo una se tiene que conformar con cambiarlas, aunque están bien nuevas, ¿no?, pero los hijos no paran de quejarse, ¿qué se le va a hacer?[96]

Es mi turno:

—Dime, ¿qué quieres?— De repente el señor Eladi, tan atento, ya no lo es tanto conmigo, en su tono hay una especie de prisa, un rencor subterráneo que me es bastante familiar. Y esta manía de hablarme en castellano. Él no se lo debe imaginar que con sus palabras ya me ha vuelto a poner el dedo en aquella llaga que nunca se cura, porque siempre hay alguien que te hurga en ella cada día. Quizás lo hace de buena fe, está claro que todos los inmigrantes deben saber sólo castellano, si apenas nos podemos entender. Esta chica, con estos rasgos y la piel tan morena... como mínimo debe de ser marroquí. Mi reflejo en sus ojos, señor dependiente, es el de una pobre chica inmigrante e ignorante, desconocedora del país donde vive, e incluso muda quizás. Os pensáis que no sentimos las palabras que nos hieren sólo porque las decís en catalán. Qué importa, nosotros siempre hace poco tiempo que estamos aquí, no importa que haya vivido ocho

otros cuentos), 1967; *Semblava de seda i altres contes* (*Parecía de seda y otros cuentos*), 1978; *Quanta, quanta guerra...* (*Cuánta, cuánta guerra...*), 1980; y *La mort i la primavera* (*La muerte y la primavera*), novela póstuma, 1986.

[96] En la traducción se han sistematizado los signos de interrogación, incluyendo el signo invertido a comienzo de frase, aun cuando el original no lo utiliza de modo consistente.

años en Marruecos y dieciséis en Cataluña, siempre me miras como el que acaba de llegar y no es capaz de aprender tu lengua, dicho y hecho, hablémosles en castellano y que aprendan el castellano. Sólo demuestras no conocerme ni a mí ni a todos los inmigrantes que hay en la ciudad desde hace años. ¿No sabes que los niños hablan en catalán en el patio de la escuela?

Claro, tú sólo despachas enchufes y bombillas, paellas antiadherentes y maderas para cortar, pero eres capaz de recordarme, en un instante, que yo continúo siendo, en tu mirada, alguien de fuera. No importa, no importa, una se acostumbra como se acostumbra a la niebla.

Rida baja del autobús con la sonrisa de costumbre, el abrazo igual de intenso un día tras otro, la mochila en la espalda. Tiene olor a escuela.

Tenemos que ir a comprar, hijo. Como de costumbre, no para de pedir, yo quiero eso, mamá, yo quiero eso. En la caja me ayuda a colocarlo todo en su sitio. La chica que está detrás, un poco cansada, le dice:

—*Hola guapo.*[97] *¿Que vas a la escuela?*[98] —El acento de la Plana[99] es un sello que no se debe borrar en toda la vida.

---

[97] La cursiva indica que aparece en castellano en el original.

[98] Normalmente se escribiría «¿Qué, vas a la escuela?». La manera en que se recoge aquí, sin acento ni coma, refleja la entonación de esta hablante.

[99] Se refiere a la Plana de Vic, provincia de Gerona.

Rida, atónito, se queda mudo y no contesta.

—*¿Que no habla este niño?*

—Sí que habla, de hecho es muy hablador, pero quizás le deberías hablar en catalán.

Ella, toda ofendida, me responde:

—*Ah, ¿habla catalán?*

—Sí.

—*Es que no hay muchos que lo hablen.*

—Yo también lo hablo, ¿sabe? Y casi todos los marroquíes de esta edad, si eso es lo que quiere decir, hablan su lengua perfectamente, es la lengua de la escuela, si no lo recuerdo mal.

—*Ay, bueno, bueno.*

Por un momento se me ocurre decirle que «bueno» es un barbarismo, pero ya hay suficiente tensión entre las dos.

Es sólo un ejemplo, una anécdota de tantas parecidas. Hay otras que son peores, casi surrealistas. He mantenido conversaciones enteras con interlocutores catalanes de pura cepa[100] que se empeñaban en hablarme en castellano, yo continuaba hablando en catalán y ellos, por no sé qué tipo de tozudez no cambiaban de lengua.

Esta campaña tan nueva de «tú eres maestro»,[101] ya hace años que la predico. Hago militancia por la lengua desde

---

[100] Cepa: tronco de la vid del que brota toda la planta; «de pura cepa» se aplica a la persona cuyas características son propias y auténticas de la clase a la que pertenece.

[101] Según la traductora, «tú ets mestre» (tú eres maestro) se trata de un eslogan que difundió la Generalitat de Catalunya en 2003, en una de las campañas publicitarias dedicadas a promover que los catalanes se

que descubrí que ya no había marcha atrás, que ya formaba parte de mi yo interno sin posibilidad de rehacer mis propios pasos. No fue decisión propia el venir a parar a Vic, tampoco no lo fue aprender la lengua de su gente y hacérmela mía hasta el punto de serme más fácil hablar con mi hijo en catalán que en amazic.[102] Y siendo las dos lenguas marginadas por ciertos poderes, aún sentía más el deber de defenderlas, de elevarlas al lugar que les corresponde aunque fuera sólo haciendo uso de ellas.

La mayoría de los inmigrantes, sobre todo los que vinimos de pequeños y hemos pasado gran parte de nuestras vidas aquí, los mal llamados de segunda generación, tememos hacer una afirmación como ésta: es abocarse a un abismo, arriesgarse a ser franco, es arriesgarse a ser rechazado tanto por aquéllos que, siendo también inmigrantes, no han vivido el proceso de la misma manera que los autóctonos. No sé muy bien por qué a algunos catalanes les ofende que se hable su lengua, todo ello debe tener más que ver con la forma de quererla. ¿O es que en el fondo toda esta gente que me contesta siempre en castellano, continúa pensando como hablantes de una lengua minoritaria?

La Cati, una mujer de cabellos demasiado negros y prematuramente arrugada, presumía de haber visto mundo con su marido, me alegra mucho que hables tan bien el catalán, todos deberíais ser así. Cuando ya hacía tiempo que nos co-

---

dirigieran a los inmigrantes en catalán con el fin de facilitarles así el aprendizaje del idioma.

[102] Ver «amazigh» en el Glosario.

nocíamos, se le pasó por la cabeza empezar a probar las terapias naturales, la meditación y cosas por el estilo.

—Tengo que ir a comprar «incens».[103]

—Debes querer decir «encens».

—No, se dice «incens».

—No, se dice «encens». «Incens» lo decimos normalmente por influencia del castellano, pero está mal dicho.

—Sí, hombre, me lo dirás tú a mí, que soy catalana.

Fíjate por dónde que la catalanidad legitimaba cualquier palabra que saliera de su boca. Tan admirada como había estado de que yo hablara el catalán, me imaginé que estaría aún más contenta si le demostraba que intentaba hablarlo tan bien como sabía. Pero no, ser catalán es más importante que preocuparse por utilizar las palabras adecuadas. Me indigné, yo me creí más legitimada para hablar de correcciones lingüísticas. Al fin y al cabo, era yo quien me había leído el diccionario cuando no tenía otra letra impresa al alcance, pronunciaba las palabras en voz alta para percibir la musicalidad, exploraba las definiciones para encontrar matices.[104] «Encens» era una palabra que, precisamente, había buscado en el diccionario. No bajé del burro:[105]

---

[103] En español, incienso.

[104] La protagonista y narradora de la siguiente novela de Najat El Hachmi, titulada *El último patriarca* (2008), es una joven inmigrante marroquí que también lee por cuenta propia el diccionario catalán, cuyas entradas inserta sistemáticamente al final de cada capítulo. Esta coincidencia hace pensar en un posible elemento autobiográfico de la escritora.

[105] Bajarse del burro: dejar de insistir en una idea que se ha defendido testarudamente.

—Si quieres te traigo el diccionario.

—No hace falta, toda la vida que he dicho «incens» y no vas a venir tú, de fuera, a decirme cómo tengo que hablar mi lengua.

Evidentemente, dejamos de ser amigas.

Que a mí se me dirijan en castellano aún puedo entenderlo, pero a mi hijo, que ha nacido aquí, ¿le continuarán hablando en castellano quienes no le conozcan? Quizás la campaña de «tú eres maestro» hará furor en esta sociedad y no me tendré que preocupar más.

Con el paso de los días voy viendo que mi hijo desde sus tres años acabados de cumplir debe de haber captado esta obsesión mía por el uso de la lengua. En otra tienda, le preguntan:

—¿Cómo te llamas?

Estupefacto, te veo fruncir el ceño, arrugas la frente hasta que tus cejas casi se tocan y respondes, gritando:

—No, eso no. *Com et dius!*

La dependienta, incómoda, no sabe si reír o enfadarse. Vaya compromiso, yo no sé ni qué decirle. En el fondo, sin embargo, me siento maléficamente orgullosa de este hijo mío. Quizá sin darme cuenta le he transmitido la militancia por la lengua. ¿O es que, sencillamente, no se veía reflejado en las palabras de aquella chica?

¿Qué futuro le espera? ¿Hará siempre de puente, como he hecho yo, o sabrá arraigar definitivamente? Yo aún conservo el amazic de mis padres, él sólo lo entiende, le cuesta pronunciar según qué sonidos, cuántos grados de aspiración, cuántas guturales. ¿Le dirá alguien, todavía, que no tiene derecho a corregir a los hablantes poco cariñosos con su propia lengua? Todo un camino de incertidumbre se abre ante nosotros, sus cabellos rizados y su piel, todavía un poco más oscura que la de los autóctonos, siempre le delatarán.

[SEGUNDA PARTE: IDENTIDAD FRONTERIZA]

5

—Yo soy catalán, mamá?[106]

Me esperaba esta pregunta mucho más adelante, seguro que aún no eres demasiado consciente de lo que dices. Decirte sencillamente que sí sería mentirte, decirte que no sería ponerte al borde del abismo. Has nacido aquí y tan sólo has estado en Marruecos diez días de tu corta vida, ¿todavía tengo que negarte la catalanidad? ¿Dónde se debe adquirir este bien tan preciado? ¿Debe estar patentado?

Durante años creí aquello de que «vosotros ya sois de aquí», «sois catalanes, ¿verdad?», pero no era más que un triste espejismo. Toda aquella gente que nos aceptaba tan bien, no nos aceptaba a nosotros, tal como éramos, tan sólo expresaban su anhelo por hacernos homogéneos, se tranquilizaban a sí mismos pensando que todos los que veníamos de fuera lo dejaríamos todo atrás para convertirnos a la causa catalana, porque en el fondo siempre resonaba el dicho: de

[106] Todo el capítulo puede considerarse una reflexión por parte de la madre sobre la que se articula la respuesta a esta pregunta del niño.

fuera vinieron… Era mejor intentar que nosotros nos confundiéramos con los catalanes, que no se notase demasiado nuestra presencia. Cuando alguien te dice que te integres, lo que en realidad te están pidiendo es que te desintegres, que borres cualquier rastro de tiempos anteriores, de vestigios culturales o religiosos, que lo olvides todo y sólo recuerdes sus recuerdos, su pasado. Porque no hay miedo más terrible que el miedo a lo desconocido, es mejor que todos seamos iguales para no tener que pensar demasiado.

Falsamente había soñado en un futuro catalán, sin trabas, pero las decepciones se sucedieron una tras otra, el trabajo, la burocracia, las becas universitarias, que entonces sólo se concedían a residentes (no importaban las matrículas ni los excelentes[107]), que llegaran los dieciocho años y aún no pudiera votar, el insoportable sufrimiento de buscar un piso de alquiler, siempre salía un familiar a última hora a quien el propietario le había alquilado el piso sin avisar a la inmobiliaria, los comentarios que se podían escuchar en el autobús o en el supermercado… Un país que era el mío, que ya había aprendido a querer como cualquier otro catalán, de repente me rechazaba, no quería saber nada de mí. Mi otro país, abandonado detrás del Estrecho, estaba demasiado lejos para podérmelo hacer mío, no podía componer toda mi identidad con sólo ocho años de infancia y los meses de retorno.

[107] Se refiere a «matrículas de honor» y otras calificaciones académicas altas.

Pasé años, hijo, sin tierra, sin identidad y sin sentirme de ningún lugar. De donde venía me decían que ya no tenía lugar, aquí el rechazo hacia los marroquíes era cada vez más intenso, ya se sabe que estos moros…

Me hice sensible a todos los comentarios xenófobos, a cualquier expresión de recelo contra cualquiera que viniese de afuera, sacaba las uñas siempre que me sentía aludida, no hay para tanto, no hace falta que te pongas así. Siempre hay alguien que te suelta la frase, dolorosa: es que tú eres diferente. Yo no soy diferente, no lo quiero ser, quiero ser como todos los inmigrantes, mientras haya alguien que les discrimine. Cuando hieres a uno, denigras su nombre y les tipificas, me estás hiriendo a mí, me estás denigrando.

Un buen día, sin embargo, salí de mi caparazón.[108] Descubrí tantos amigos a mi alrededor que nunca me habían hecho sentir rechazada, a su lado ni siquiera recordaba de dónde era. Todos ellos también eran catalanes, las madres de los compañeros de guardería de Rida, la muchacha que nos vende la merienda cada tarde, un zumo y una magdalena, las amigas de toda la vida, los compañeros de trabajo, todos ellos son autóctonos que nos han acogido sin pensar si somos de aquí o de allá. ¿Y entonces, por qué no revisar mi visión de este país, por qué mirarlo con recelo por unos cuantos que me han rechazado?

Quizás debería explicarte: tú eres catalán, pero siempre ten presente las antiguas raíces de tus padres, que te enrique-

[108] Caparazón: cubierta dura con que protegen las partes blandas del cuerpo algunas clases de animales; coraza.

cerán. Ten siempre en cuenta que habrá gente en tu vida que te reprochará estas raíces. Pero cuando te sientas rechazado, hijo mío, piensa en todos los amigos y amigas que tienes y verás el peso del rechazo contrapuesto, no siempre se debe ser aceptado por todos, uno es como es, sabe de dónde viene y todo lo que lleva detrás, no nos hacen falta etiquetas, no vale la pena darle más vueltas.[109] Al fin y al cabo, nadie tiene derecho a preguntarte: y tú ¿cómo te sientes, más catalán o más marroquí?

---

[109] Darle vueltas: pensar o reflexionar constantemente sobre algo.

Mohamed Lemrini El-Ouahhabi

«Viaje al pasado»

«Viaje al pasado»

Mohamed Lemrini El-Ouahhabi

Acurrucado en aquel asiento, y sin hacer mucho caso a la película de acción que puso el conductor del autocar, unos minutos después de salir de la estación en aquella noche tan fría con dirección a Madrid, se puso a pensar cómo había transcurrido su viaje y, en definitiva, su vida en la última década.

El viaje había sido preparado al mínimo detalle. Se había pasado más de dos meses organizándolo en secreto. Iba a ser una sorpresa para todos los suyos. Su familia, sus amigos, los vecinos y para casi todo el barrio, que no le veía el pelo desde hacía algo más de cinco años. Exactamente sesenta y cuatro meses y medio.

Menuda diferencia... Recordó aquella mañana del mes de septiembre en que llegó a Madrid por primera vez, después de aquellas peripecias. En la estación de Atocha, con aquel bolso de plástico marrón y tres palabras en la lengua, se encaminó en busca de la pensión que alguien le recomendó en el trayecto y que no andaba lejos de aquel bullicioso y escandaloso lugar donde fue a aterrizar.

Pero, de eso había pasado mucho tiempo, y lo único que quiso retener de él, fue la voz de aquella morena escuchimizada[110] que pronunció su nombre y apellido en la lúgubre oficina donde le entregaron una tarjeta blanca con su foto, nombre, apellido, lugar de nacimiento y nacionalidad y donde se podía leer «Ministerio del Interior. Tarjeta de residencia para extranjeros no comunitarios».[111] Ya era hora, pensó entonces, después de rellenar infinitas instancias,[112] estampar cuarenta firmas y guardar setenta colas, a todas horas y en circunstancias tan diversas, durante más de tres años.

Éste —seguía pensando— era el primer viaje que hacía en todo ese tiempo. Más aún, era el primer alivio que sentía desde aquella mañana en que embarcó en Tánger con destino al *nuevo mundo*, hacía ya tanto tiempo.

Digo que el viaje lo había preparado al mínimo detalle. No lo había comentado con nadie, a excepción de su jefe, a quien solicitó un mes de vacaciones para ir a ver a su *vieja*,[113] y a quien pidió que no lo comentase con los compañeros ni con ningún cliente, porque quería que fuera una sorpresa. Se había hecho una lista de toda la familia. No es porque no se acordase de todos, sino porque en estos últimos años había habido novedades. Enlaces, bodas y hasta

---

[110] Escuchimizada: muy flaca, con aspecto débil.

[111] No comunitarios: que no pertenecen a la Comunidad Europea.

[112] Instancia: solicitud impresa o documento que recoge dicha solicitud.

[113] Su *vieja*: coloquialismo para referirse a su madre.

nuevos nacimientos. Además, los peques[114] que él dejó entonces arrastrándose por el suelo y perdiendo el equilibrio, habían crecido y madurado, según le informaba su madre semana tras semana.

En los dos últimos meses, se había gastado un montón de euros en adquirir regalos para todos. Del trabajo salía, a ratos, escopeteado para recorrer tiendas y almacenes. Los domingos no dejaba de bajar al *Rastro*[115] para cotillear, y por si encontraba alguna cosa que le pudiera valer a alguien. De todas maneras, no era tan fácil elegir y acertar comprando cosas para todos, pensó. En un momento, recordó que su madre le decía que era un poco torpe haciendo regalos y que tampoco andaba sobrado de buen gusto. Pero nada le importó y siguió buscando y tachando en la lista hasta que quedó solamente un nombre, el de la *vieja*. Entonces empezaron los verdaderos quebraderos de cabeza. ¿Qué comprarle a ella que, hipotéticamente, tenía de todo? Además sus necesidades eran mínimas y ridículas. Nunca pedía nada y parecía que todo le sobraba. Más aún, las chicas de la familia conseguían que les regalase las cosas que recibía ella como tal y no le importaba.

Eran las primeras vacaciones que se tomaba desde que entró a trabajar en esa cafetería, hacía ahora casi tres años. Un descanso bien merecido después de batallar tanto tiem-

---

[114] Peques: niños pequeños.

[115] El Rastro: famoso mercado al aire libre de objetos de segunda mano que se organiza en Madrid, los domingos y festivos, en el barrio de Embajadores, que es parte del centro histórico de la ciudad.

po, sin respiro ni relajación. El domingo que libraba, se lo pasaba casi entero en la cama, descansando y durmiendo. Después *se marcaba* un cine[116] y el lunes otra vez al tajo,[117] empezando una nueva semana, que se prolongaba hasta el sábado, con casi quince horas diarias de trabajo, que sumaban unas noventa horas de las ciento sesenta y ocho que tiene la semana. No había remedio, o lo tomaba o lo dejaba. El trabajo en hostelería es así de duro y de sacrificado y si encima quieres ganar y ahorrar algo de dinero, más vale estar trabajando que gastando por ahí.

Dura había sido la vida en los últimos años, y peor los últimos meses. Menos mal que el *Ramadán*[118] se había acabado y pronto llegaría la fiesta del cordero,[119] que este año pensaba pasar en casa, como antaño cuando su padre se encargaba de todo: de las compras, los regalos, la matanza… y la familia toda unida alrededor de esa mesa redonda y baja, para saborear esos deliciosos pinchitos que preparaba su madre, y sobre todo, aquellos trozos de hígado envueltos en

[116] Se marcaba un cine: coloquialismo que indica que hacía algo muy especial yendo al cine.

[117] Al tajo: a trabajar.

[118] El Ramadán: ver nota 78, p. 226.

[119] La fiesta del cordero o Aid-El Kebir (la fiesta grande): es una de las más importantes de la religión musulmana. Es una fiesta sacrificial que se celebra después del final del Ramadán, en fechas próximas a la Semana Santa española, y que remite a las antiguas historias bíblicas compartidas por las tres grandes religiones del tronco semítico: la musulmana, la judía y la cristiana.

una fina capa de grasa, con olor a carbón, que le chiflaban desde que era niño. Eso es vida, pensó.

¡Menudos recuerdos!... Y volviendo a la realidad se acordó de cuando bajó a la estación para reservar su billete para *bajar al moro*,[120] como dicen por aquí los *cristianos*.

En la estación, con sus dos bolsas repletas de regalos y enseres, se quedó asombrado de la cantidad de *paisanos* que iban a coger el mismo autocar. El viaje —pensó— va a ser agotador. Ocho horas dando brincos y sin apenas poder conciliar el sueño. El resto del tiempo lo pasó dando paseos para entrar en calor y hacer circular la sangre.

Una vez reanudada la marcha, recordó que lo peor que llevaba durante todo este tiempo era cuando, cada fin de semana, cuando hablaba por teléfono con su madre, ella, después de interrogarle sobre lo que había hecho durante toda la semana, sobre el trabajo, sobre lo que había comido, bebido y con quién se había encontrado y hablado, le preguntaba en un tono realmente burlesco y jocoso que si todavía se acordaba de ella.

Entonces sentía que el cielo se le caía sobre la cabeza, que las nubes aplastaban su cráneo y que le faltaba aire para respirar. Esa frase de reproche que denotaba tanto cariño por su parte, le hacía un daño enorme. Le bloqueaba y le hacía pensar en su padre, en cómo murió y cómo no pudo despedirle, decirle adiós ni asistir a su entierro. Su padre, que había muerto después de trabajar casi sesenta años para

[120] Bajar al moro: ver Glosario.

sacar a su familia adelante, no pudo despedirse de su único hijo. No alcanzó a esbozar esa sonrisa que le caracterizaba y que transmitía a los demás relajación, autoconfianza, tranquilidad y fe en el futuro.

Esa frase le ponía los pelos de punta y le hacía pensar en ella, en su madre, en que le podía pasar con ella lo mismo que con su padre, perderla sin estar a su lado, sin poderse despedir ni cuidar de ella en los últimos minutos, ni cuidar de que no le faltara nada el día de su entierro. Eso le obsesionaba, pero sólo eran pensamientos contra los que nada podía hacer.

Volviendo a su realidad, recordó el mal rato que pasó en el barco, que no dejaba de saltar como si fuera un potro salvaje, en su intento de esquivar las olas del Estrecho. Recordó su llegada a puerto y el recibimiento que le hizo su primo Ahmed, que se había trasladado hasta allí para ir en su busca. Recordó el viaje desde Tánger hasta el pueblo, los comentarios de ambos sobre la agricultura, el tiempo y la lluvia, que hasta entonces le había acompañado y que cesó en el mismo momento en que pisó su tierra. Todo estaba como hacía esos sesenta y cuatro meses y medio que él llevaba fuera. Nada había cambiado o, por lo menos, él no lo notaba hasta entonces.

Recordó el revuelo que se armó en casa cuando bajaron del coche y se encaminaron adentro, para ser recibidos por la familia. Todos estaban allí esperando; pequeños, jóvenes y mayores, incluso aquellos que no le conocían ni le habían visto nunca, aquellos que pertenecen a las nuevas y últimas generaciones, nacidas en los últimos años. Ellos también le esperaban. Habían oído hablar tanto de él que formaba parte de su cotidiana vida, de sus sueños y de su curiosidad. *Tenían un tío en el extranjero*, como solían repetir, presumiendo ante los demás. Un tío que iba a venir a visitarles y que les iba a traer cosas del otro mundo.

De entrada, el viaje en coche para cubrir aquellos setenta kilómetros fue tan agradable como relajado. En una parada que hicieron para repostar y descansar un rato, pidieron un bocadillo de *kafta* (carne picada) a la brasa y un vaso de té, que le resultó tan exquisito como caro. Le habían cobrado 4 dirhams por un té que apenas costaba un dírham la última vez. Además, tuvo que llamar la atención al joven que preparaba los bocadillos y que, agobiado por el número de clientes, coló[121] a más de un caradura recién llegado. Esto sigue igual que siempre, pensó. Pero su primo apaciguó los ánimos y no pareció sorprendido por el precio, sino que le resultó adecuado y hasta correcto. El nivel de vida había subido tanto en los últimos años, le comentó. Total eran 40 céntimos de euro, pensó él más tarde. Tampoco era gran cosa…

El momento más emocionante fue el encuentro con su madre. Erguida, elegante y bien vestida de blanco, como siempre, dejaba entrever una pequeña sonrisa mientras los ojos le brillaban de una manera inhabitual. El abrazo fue largo y emocionante, aunque no parecía denotar una exage-

[121] Colar: coloquialismo para dejar pasar a alguien que no respeta su turno.

rada sensibilidad. En su familia, a excepción de su hermana pequeña, todos eran así. Les costaba mucho exteriorizar sus sentimientos; pero ése era un momento excepcional. Un encuentro anhelado y esperado durante mucho tiempo y no era cuestión de guardar composturas.

Alguna mujer del vecindario o de las próximas a la familia había puesto un *grito en el cielo*,[122] a base de un largo *yu-yu*[123] de bienvenida, que se había oído en todo el barrio. Él, que era tan callado y no le gustaba llamar la atención, se había hasta sonrojado al advertir que aquel *yu-yu* era por su llegada, por su vuelta a casa y que era un signo de alegría y de júbilo que se iba a repetir durante lo que quedaba de tarde y también por la noche. Aquella noche en que su madre había preparado una *pequeña reunión familiar* a la que estaba invitado casi todo el barrio, y durante la cual el *imam*[124] de la mezquita, acompañado de varios *fakihs*,[125] iba a recitar

---

122 Poner el grito en el cielo: locución coloquial que significa escandalizarse, montar en cólera, despotricar; aquí, sin embargo, se utiliza en un sentido literal. El narrador parece hacer alarde del uso de coloquialismos españoles que ha aprendido y que son marcadores lingüísticos de su integración.

123 *Yu-yu*: grito árabe femenino que anuncia un evento feliz.

124 *Imam*: hombre musulmán encargado de dirigir y presidir la oración o bien jefe religioso islámico encargado de la dirección espiritual de una comunidad de creyentes.

125 *Fakihs*: musulmanes devotos, reclutados de renegados cristianos, y que a finales del siglo viii adquirieron gran importancia en torno a la mezquita de Córdoba bajo Abdur Rahman y su hijo Hisham. Su líder espiritual era Malik ben Anas de Medina, fundador de una de las cuatro escuelas ortodoxas de teología musulmana. Ver Burke (1900: 146).

versículos del Corán y a dar gracias a *Allah* por la vuelta a casa de su hijo.

Tenía suerte, pensó mientras cambiaba de postura. El viaje de vuelta no estaba siendo tan pesado como el de ida; no tenía compañero de asiento, así que se sentaba y movía a su antojo. Recordó aquellos primeros meses en la cafetería. Intentaba por todas quedarse a trabajar escondido en la cocina. Era como un refugio seguro, ya que prefería hacer el trabajo sucio, pesado y monótono ayudando al cocinero y vaciando y colocando platos, a dar la cara ante los clientes. En realidad, apenas podía pronunciar una frase completa sin cometer un desliz lingüístico, cambiar una «e» por una «i» o darle una patada al diccionario. A menudo confundía oreja con pareja, chupito y poquito, etc. Tenía mucho acento y casi siempre, incluso fuera del trabajo, evitaba mantener conversaciones con los clientes y los vecinos.

En la cafetería, los clientes que más le conocían decían de él que había cambiado un montón; y que había cambiado a mejor. Decían que era muy desconfiado, reservado y hasta que parecía antipático y raro. Todo se debía, al parecer, al desconocimiento del idioma, que poco a poco fue aprendiendo y dominando. Últimamente, hasta gastaba bromas y entendía a los *pesados* clientes cuando le gastaban alguna. *Pillaba*[126] los chistes, y en una cafetería se cuentan a cientos.

[126] Pillar: coloquialismo que aquí significa captar, entender.

Durante casi todo el tiempo que duraron sus vacaciones, se sentía como fuera de sí. Andaba por las calles y todo eran recuerdos. Había olvidado aquel bullicio de las callejuelas de la medina. Aquel ir y venir de tanta gente, a quien saludaba y devolvía el saludo interesándose por la familia y la salud, después de estamparle tres besos en la mejilla. Lo que más le encantaba era la mezcla de olores de la medina. Jazmín y azahar cuando paseaba cerca de la muralla, jengibre, cominos y hierbabuena cuando vagaba por la zona más comercial.

Parecía que nada había cambiado desde que se fuera, hacía ya tantos meses. Pero no era así. El rey había muerto y, a rey muerto, rey puesto.[127] Y según contaba su primo, las cosas no parecían mejorar ni con el tercer gobierno. De todas formas, él ya lo había advertido por los cuatro dírhams [*sic*] que le costó la pequeña botella de agua en una tienda de comestibles y por el precio del vaso de té que tomaron, camino a casa, la mañana que desembarcó en Tánger.

De madrugada y casi entrando en Madrid, sonrió al acordarse de aquel policía de tráfico que, tapado por un par de coches, no consiguió ver que había detenido la circulación para dejar paso a otros vehículos. De repente apareció haciéndoles señales de parada. Tras reprocharle su acción, le pidió el permiso de conducir y los papeles del vehículo de su primo que conducía con un cuidado exquisito. Mientras buscaba su cartera y la documentación del coche, se dio

[127] A rey muerto, rey puesto: refrán que hace referencia al rápido proceso por el que se reemplaza el cargo dejado por una persona.

cuenta de que algo faltaba. Pero vino la salvación. Dos jóvenes montados en una moto a su derecha, intentaban saltarse el semáforo, delante de las narices de *la autoridad*. El agente, al verlos, corrió para detenerlos y rápidamente les apagó la moto y sacó la llave del contacto, mientras les pedía también la documentación. Una vez controlada la situación, se volvió a él y le preguntó: «¿Eres médico?». Sin titubear, miró la serpiente que hace de logotipo de ese colectivo, que se encontraba adherida al cristal delantero del coche y asintió afirmativamente con la cabeza. El agente se llevó la mano a la sien saludando al estilo militar y se despidió con un «buenos días». Era una mentira piadosa y, efectivamente, le faltaba algo. Le faltaba la cartera donde llevaba su permiso de conducir y todos sus papeles. Si el agente se enterase de que en ese momento no llevaba encima su permiso de conducir ni ningún otro documento, de que le había mentido porque no era médico y de que era un «descastado» y un emigrante «privilegiado», según ciertas opiniones, la multa habría sido de órdago.[128] Pero había tenido suerte. La pegatina que había dejado el pillo de su primo ahí, por si acaso, después de haber comprado el coche, de segunda mano, a un médico del barrio conocido de los dos, había solucionado la papeleta.[129] Pero no había que confiarse y, aunque parecía lo contrario, nada había cambiado. Pobres los chicos de la moto, pensó. Pero no se preocupó, porque estaba se-

[128] De órdago: tremenda, muy elevada.

[129] Solucionar la papeleta: satisfacer una deuda o acabar con una dificultad u obstáculo.

guro de que ellos, mucho mejor que él, sabrían defenderse de la *autoridad*.

Rosalía Royo

«PAPELES»

(canción)

«Papeles»[130]
(canción)

Rosalía Royo

Mi padre era periodista pero comenzó de
ascensorista en Nueva York.
La gente se va de casa cuando la prosperidad
no pasa de ser una ilusión.
Todo el mundo emigra cuando el hambre
aprieta, ¿o es que no hay memoria?
A todos los que vienen les debemos una
deuda antigua de la historia...
Visas, cartas de empleo, sellos, pólizas.[131]
Cada cual busca un hueco donde realizar su
cantar, ¡que les dejen en paz!

Papeles, papeles...

---

[130] La composición musical se encuentra en este enlace: <http://www.myspace.com/rosaliaroio>. Rosalía: voz, guitarra, composición/producción/arreglo; Peter Oteo: bajo eléctrico; Aleix Tobías: percusiones; Pável Urkiza: coros, producción/arreglos; Inés Almirón: sonido.

[131] Póliza: documento justificativo o sello con que se satisface el impuesto del timbre en determinados documentos.

Sólo nos preocupa cuando hay muertos en
New York, Londres o Madrid,
los males del mundo son nuestro problema
empezando por aquí.
Quién dijo que España era yanqui antes que
ser musulmana.
Cómo puede ser que estos gobiernos miren
impasibles tantos muertos en la playa.
Tanta gente inmigrante, sin saber qué hacer.
Expedientes[132] sin rostros, sólo quieren ser
gente legal, ser como los demás...

Papeles, papeles...

Esta burocracia disfuncionaria[133] se ha
adueñado de mi tiempo, ¡no!
Interminables colas desde madrugada para
no conseguir nada.
Los papeles son grilletes disfrazados, nunca
se abolió la esclavitud,

[132] Expediente: puede ser (a) conjunto de documentos y gestiones correspondientes a un asunto; (b) historial de incidencias de un estudiante, un profesional, etc.; (c) procedimiento administrativo por el que se le enjuicia a esa persona.

[133] «Disfuncionaria»: término de uso común, que resulta del cruce de «des-» + «funcionario/a» o relativo al desempeño de un empleo público y «disfuncional»; en suma, se refiere a una burocracia que no funciona.

No, no, no, sin la fotocopia simple
compulsada[134] no puedo vivir...

Papeles, papeles...

[134] Compulsada: autentificada legalmente.

Materiales para la clase

Mapa

Obra original de Laita Scháfermeyer para esta edición

Glosario

Aculturación. Proceso de adaptación de un individuo a las costumbres y cultura del grupo al que pertenece o que adopta.

Al-Ándalus. Territorio de la Península Ibérica bajo poder musulmán entre los años 711 y 1492, año de la toma de Granada por los Reyes Católicos que puso fin al dominio musulmán en la Península. El término Al-Ándalus se usó como sinónimo de la Hispania musulmana. La población de Al-Ándalus, sumamente heterogénea, estaba constituida por musulmanes árabes y beréberes, cristianos y judíos. Otros grupos importantes eran los mozárabes, que conservaron su religión cristiana pero adoptaron la forma de vida de los musulmanes, y los muladíes, antiguos cristianos convertidos al Islám, además de grupos étnicos minoritarios. La estructura social andalusí estaba estratificada según el origen étnico de cada grupo y por clases sociales. La cultura andalusí alcanzó altas cotas, convirtiéndose en referencia fundamental para el resto del mundo islámico.

Amazigh. Nombre que se dan los beréberes a sí mismos, que son la minoría étnica en Túnez o Argelia y la mayoría étnica en Marruecos. El Magreb es el contexto cultural amazigh fundamental, aunque debido a la berberofobia estatal en el norte de África, esta cultura no es debidamente reconocida. Se considera que los aborígenes de las Islas Canarias y la España musulmana son parte de la cultura amazigh. Para los amazigh, la solidaridad, lealtad, respeto a la palabra dada y otros comportamientos son valores comunitarios prominentes y motivo de orgullo.

Aspectos de la cultura amazigh difieren de modo significativo de la tradición árabe, en particular la lengua amazigh (tres dialectos beréberes principales son *thmazight*, *tarifhit* y *tachelhit*), de origen difícil de determinar y de tradición oral. Hoy en día se publican periódicos y revistas en lengua amazigh con caracteres propios (*tifinagh*) o con caracteres latinos o árabes. Desde 2007 existe una emisora independiente basada en Holanda que emite programas en amazigh en Internet, Amazigh TV.

ATIME. Asociación de Trabajadores Inmigrantes en España que opera en muchas regiones y realiza un trabajo reivindicativo respecto a condiciones laborales, de vivienda, documentación, etc.

ATÚN. Emigrante clandestino. Aparece el término en el relato de *Las voces del Estrecho* de Andrés Sorel, que se recoge en esta edición, y en *Ramito de hierbabuena* de Gerardo Muñoz Lorente, aunque no está claro si se trata de un invento literario o del hecho de que la obra de Sorel transcurre en las aguas cercanas a Zahara de los Atunes, entre Tarifa y Cádiz. Términos sinónimos son: *paterista* (que también puede referirse a los pilotos de las pateras), *harraga*, *mojaíto*, etc.

ATUNES (IR DE ATUNES). Emigrar utilizando barcos de pescadores que han dejado la pesca del atún, antes muy común en Marruecos, para el negocio lucrativo del transporte de inmigrantes ilegales.

BAJAR(SE) AL MORO. Expresión coloquial utilizada en España para referirse a ir a Marruecos a comprar hachís o traficar con droga. *Bajarse el moro* es el título de una obra de teatro escrita por José Luis Alonso de Santos en 1985 y de una película española dirigida por Fernando Colomo en 1989.

CIUDADANÍA. Calidad y derecho de ciudadano que se concede a personas por *jus sanguinis*, de padres a hijos, o por *jus soli*, al nacer en un territorio nacional. Por naturalización es la concesión de la ciudadanía al casarse con un ciudadano, o al cumplir las normativas de la Ley de Extranjería.

ESTRECHO DE GIBRALTAR. Es una separación natural entre el Mar Mediterráneo y el Océano Atlántico; entre dos continentes, Europa y África; entre dos religiones, la cristiana y la musulmana; y entre dos culturas, la occidental y la oriental. Constituye la frontera hispano-marroquí. El nombre de Gibraltar deriva de la invasión musulmana de la Península Ibérica y significa Montaña de Tarik (Yabal-Tarik), que toma su nombre del caudillo que lideró dicha invasión. Entre costa y costa sólo median 14,4 km en su parte más angosta, entre punta de Oliveros (España) y punta Cires (Marruecos). Su profundidad varía entre unos 280 m hasta 1.400 m en medio del Estrecho. La forma de embudo del Estrecho de Gibraltar y los relieves costeros a ambos lados canalizan los fuertes vientos de poniente (oeste) o de levante (este) que se crean y que aceleran brutalmente hasta alcanzar 40 o 50 nudos cerca del Peñón de Gibraltar, donde se halla la ciudad de Gibraltar, la última colonia inglesa en Europa. Los fuertes vientos se aprovechan para el desarrollo de la energía eólica, que se despliega en hileras interminables de turbinas o molinos de viento en la costa española. Los vientos, como las fuertes corrientes de marea, pueden también dificultar la navegación. El Estrecho de Gibraltar tiene, por su lugar estratégico, un intenso tráfico marítimo (más de 82.000 buques al año, según Wikipedia) que le convierten en el lugar más transitado del mundo. Hay proyectos de construir un puente que una Europa y África en el estrecho y también se ha realizado un proyecto para construir un tren subterráneo. Más en <http://es.wikipedia.org/wiki/Estrecho_de_Gibraltar>.

EUROCENTRISMO. Basado en la premisa modernista de que los valores europeos son superiores, tiende a la homogenización de las personas dentro del imaginario europeo como único punto de referencia para la normativa cultural, política y económica.

FORTRESS EUROPA. A raíz del tratado de «Schengen», que elimina las fronteras para los miembros de los estados europeos, se establece una línea fronteriza, como si se tratase de una fortaleza amurallada, que restringe la entrada a inmigrantes a la Comunidad Europea.

HARAGUE. Pasador de inmigrantes ilegales. Término introducido cuando el tráfico de migrantes ilegales se volvió lucrativo.

HARRAGA, HARRAK O JARRAGA. Emigrante clandestino. El término procede del árabe y significa «quemador», ya que tanto los *harragues* (pasadores) como los *harragas* queman metafóricamente la línea fronteriza o sus papeles de identidad.

ISLAM (EL): LA RELIGIÓN MONOTEÍSTA QUE PREDICA LA OBEDIENCIA Y, SOBRE TODO, LA SUMISIÓN A ALLAH, ÚNICO DIOS. Mahoma, el profeta, fue el fundador del Islam en el año 570 después de Cristo. La Meca es la ciudad santa donde todos los creyentes han de peregrinar al menos una vez en su vida, y el Corán es la escritura sagrada que deben leer y recitar. También se refiere el término al grupo de naciones que se guían por la ley islámica.

ISLAMIZACIÓN. Difusión o adopción de la religión, las costumbres o la cultura musulmana, que aplicado al caso marroquí significa que la persona que se islamiza solamente puede reconocer una religión, el Islam, un idioma oficial, el árabe, y el *mudawanah* o el código de familia en Marruecos.

LEY DE EXTRANJERÍA. Ley Orgánica sobre Derechos y Libertades de los Extranjeros en España y su Integración Social, que regula las normativas de entrada y estancia de los extranjeros, así como los derechos y libertades que se les reconocen.Más en <http://es.wikipedia.org/wiki/Ley_de_Extranjer%C3%ADa_de_Espa%C3%B1a>.

MAGREB (EL). Derivado de Al-Magrib, nombre árabe del país de Marruecos, que significa el Poniente. Los historiadores utilizan el término Al-Magrib al-Aqsà (el Extremo o Lejano Poniente) para referirse a Marruecos, diferenciándolo de la histórica región llamada Al-Magreb, que adaptado al español es Magreb. Tradicionalmente se ha llamado Magreb a la región del norte de África que comprende los países de Marruecos, Túnez y Argelia, aunque a veces se incluyen Mauritania, Sáhara Occidental y Libia. En tal caso, Magreb alude y nombra al occidente islámico.

MAGREBÍ. Del Magreb o relativo a esta región del noroeste de África que se extiende por los países de Marruecos, Túnez y Argelia fundamentalmente.

MEZQUITA. Templo de rito musulmán.

MOJAÍTO (DE MOJADITO). Término con que se conoce en Andalucía a los inmigrantes ilegales que cruzan el Estrecho. A los inmigrantes ilegales que cruzan el Río Grande entre México y Estados Unidos se les denomina *wet backs* (espaldas mojadas).

MULTICULTURALISMO. Convivencia de varias culturas en una misma sociedad.

MUSULMÁN. Persona que profesa el islamismo, para lo cual también se emplea el término mahometano (quien sigue la religión de Mahoma), o también relativo al Islam.

ONG (ORGANIZACIÓN NO GUBERNAMENTAL). Es una entidad de carácter privado con fines humanitarios y sociales, creada independientemente de los gobiernos locales, regionales y nacionales, así como también de organismos internacionales. Puede constituirse como asociación, fundación, corporación, cooperativa y otras denominaciones. Su financiamiento proviene de diversas fuentes: donativos privados, fuentes estatales, organismos internacionales, otras ONG, etc. Sus miembros son voluntarios y sus servicios no lucrativos. Su radio de acción cubre desde el ámbito local hasta el internacional; abarca también una gran variedad de áreas de trabajo relacionadas con la ayuda humanitaria, la salud pública, la aplicación de los tratados internacionales humanitarios, la vivienda social, la inmigración, la participación ciudadana, el desarrollo económico, los derechos humanos, la promoción cultural, la protección laboral y del medio ambiente, etc. Participan en las Naciones Unidas y a nivel de los Estados nacionales en calidad de consultores, observadores o grupos de presión, ejecutantes de proyectos, etc. Para más información véase <http://es.wikipedia.org/wiki/Organizaci%C3%B3n_no_gubernamental>.

PATERA. Bote de madera, sin cubierta, y de fondo plano. No tiene quilla y es de construcción poco segura para navegar, por lo que una ola grande lo puede volcar fácilmente. Por extensión, se aplica a cualquier tipo de embarcación utilizada por grupos de inmigrantes clandestinos para acceder a las costas de Andalucía a través del Estrecho de Gibraltar o del Mar Mediterráneo, o bien a las Islas Canarias a través del Océano Atlántico. Se aplica incluso a otros tipos de botes que se suelen utilizar también para este fin, como *zodiacs* y otras balsas.

PATERO. Persona que ayuda a cruzar ilegalmente la frontera española. Otros términos empleados son *paterero*, *atunero*, *harague*, *raïs*, etc.

PLURALISMO. Sistema por el cual se reconoce la pluralidad de doctrinas o métodos el materia política, económica, etc., y el enriquecimiento que aportan múltiples culturas y etnias.

RAÏS. Palabra árabe que significa jefe, líder, presidente, director, comandante, etc., y que se emplea para designar al jefe de la patera en el contexto de las mafias que transportan a los inmigrantes clandestinos.

REPATRIADO. Persona enviada de vuelta a su patria. A veces se intercambia con la palabra *deportado*, aunque técnicamente este término, que por lo regular también se aplica a extranjeros, significa desterrado por razones políticas o también confinado en un lugar lejano.

TRÁFICO HUMANO. Transporte ilegal de personas con fines lucrativos.

TIBURÓN. Piloto de una patera y pasador de inmigrantes ilegales en la mafia del tráfico de ilegales.

ZODIAC. Barco inflamable de caucho, algo más grande que la patera con motor fuera borda.

Propuestas de trabajo en clase

En principio, estas propuestas pueden aplicarse a cualquiera de las obras seleccionadas en esta edición o a otras obras sobre la migración incluidas en la bibliografía. Pueden, a su vez, integrarse bajo objetivos pedagógicos más amplios o bien adaptarse a textos específicos.

■ Análisis de las obras en trabajos escritos o presentaciones formales:

1. Analizar el punto de vista que se utiliza en la obra (primera persona, omnisciente, mezcla de voces, etc.) y explicar cómo la perspectiva revela el posicionamiento de la obra con respecto a la problemática del inmigrante.

2. Valorar las implicaciones del viaje del inmigrante en el contexto de una obra determinada y considerar el viaje en términos económicos de pérdidas y ganancias (monetarias o de otro tipo).

3. Analizar una obra a partir de la metáfora del ahogado/del náufrago/del paraíso perdido, etc.

4. Desarrollar un aspecto distintivo de la cultura de los protagonistas en torno a la mujer y su rol en la sociedad examinando las implicaciones que tiene con respecto a la cuestión de la emigración marroquí.

5. Analizar uno de los espacios que en la ficción se asocia al mundo del emigrante y el tratamiento literario que recibe. Considerar, por ejemplo, la patera, el mar, el pueblo marroquí, la vivienda del inmigrante, la prisión (real o figurada), etc.

6. Examinar cómo opera el tiempo, en particular la mirada al pasado (la infancia o la juventud en el país de origen) y las esperanzas de futuro, en una obra narrativa o film.

7. Valorar la información que nos proporciona una obra literaria sobre un aspecto de la vida cotidiana de los inmigrantes en España (por ejemplo, la necesidad de recurrir a negocios turbios para sobrevivir, la prostitución, el eterno papeleo, etc.), contrastándola con fuentes secundarias sobre las condiciones económicas, sociales, legales y políticas que se apliquen al caso.

8. Contrastar dos relatos sobre el mismo tema o de tema similar, o dos películas, y examinar el distinto tratamiento de cada obra con respecto al tema de la migración.

9. Si la selección corresponde a un fragmento de una novela, leer la novela entera y hacer un estudio de la misma a partir de un aspecto que aparezca en el pasaje selec-

cionado de modo destacado, por ejemplo: la motivación para emigrar, la explotación laboral, los impedimentos administrativos para legalizar su situación, las actitudes racistas de la gente, la vivienda del inmigrante, la prostitución, comportamientos delictivos, etc.

10. Desarrollar el concepto de la hibridación o fusión de identidades tal como se manifiesta en una obra determinada.

11. Considerar los recursos documentales y testimoniales que se utilizan en una obra y aquéllos que van más allá de un afán documentalista.

12. Contrastar y valorar las propuestas de algunos de los textos aquí recogidos con miras a la integración del emigrante o a nuevas formas de convivencia.

■ Mesa redonda/debate:

1. Considerar qué factores dificultan más la integración del inmigrante en las obras de ficción estudiadas: ¿los condicionantes económicos, políticos, sociales, culturales?

2. ¿Puntos en común? Los prejuicios contra el emigrante tal como se reflejan en la ficción (seleccionar una obra determinada) y los prejuicios racistas en la sociedad que mejor se conozca.

3. El respeto y la tolerancia como medios eficaces para transformar la sociedad y los retos a los que se enfrentan.

En particular, plantear cómo lidiar adecuadamente con la existencia de grupos u organizaciones que fomentan opiniones contrarias a la tolerancia y actitudes racistas.

4. El mestizaje cultural a debate: ¿implica necesariamente una pérdida de identidad?

5. ¿Es la mujer la gran perdedora en el contexto de la migración? ¿En qué medida se puede hablar de la migración marcada por el género?

6. ¿Proponen algunas de las obras aquí incluidas posibles soluciones a los problemas relacionados con la inmigración? ¿Cuáles son esas soluciones y cómo se plantean en los textos? Evaluar su alcance.

■ Propuestas de actividades (para proyectos individuales o en grupo):

1. Considerar los aspectos de la vida cotidiana de los trabajadores inmigrantes en España en uno de los films incluidos en la bibliografía del cine español, destacando los aspectos relacionados con las condiciones laborales.

2. Hacer un estudio del lenguaje (vocabulario, metáforas, hipérboles, etc.) que utilizan los medios de comunicación para hablar de los movimientos migratorios. El objetivo es evaluar los usos del lenguaje que se salen de los cauces de la objetividad periodística y las actitudes que despliegan algunos medios de información sobre culturas que no participan de la vida occidental.

3. Estudiar la invasión árabe de 711 y los mitos existentes en torno a ella, en particular el mito de la Cava, hija del Conde don Julián, y considerar qué implicaciones tiene para el momento actual. En otras palabras, ¿qué bases puede haber para hablar de una «segunda invasión» en el contexto de la inmigración marroquí en España? Considerar de modo particular la aportación de la obra de Juan Goytisolo a este tema.

4. Tomando el film *Un franco, 14 pesetas* o algún otro film sobre la emigración española de los años sesenta, analizar los problemas comunes de los españoles en aquella década con los de los emigrantes que llegan ahora a España. Utilizar estudios de la bibliografía relativos a la migración española.

5. Valorar las posibilidades de integración que la Ley de Extranjería permite al inmigrante legal así como los límites de dicha ley. Examinar una obra literaria a la luz de esta información.

6. Preparar un informe sobre las ONG (ver Glosario) que trabajan por los derechos de los inmigrantes. O bien: partiendo de un conocimiento general de las ONG que trabajan por los derechos de los inmigrantes, examinar la labor específica y los recursos de la ONG que se menciona en la novela *Donde mueren los ríos*, de Antonio Lozano.

Bibliografía

Lecturas seleccionadas

Daoudi, Ahmed (1994): *El diablo de Yudis*. Madrid: Vosa, 86-102.

El Fathi, Abderrahmán (2002): *África en versos mojados*. Prólogo de Jorge Urrutia; introducción de Blanca Lacasta Laín. Tetuán: Universidad Abdelmalek Essaadi.

— (2010): «El lenguaje de la felicidad». En: *El retorno/el reencuentro. La inmigración hispano-marroquí en la literatura*. Madrid/Frankfurt: Iberoamericana/Vervuert, 149-152.

El Hachmi, Najat (2004): *Jo també sóc catalana*. Barcelona: Columna, 49-55 y 89-92.

El Idrissi, Mezourar (2005): *Elegía para la espalda mojada*. Edición bilingüe árabe-español. Traducción de Mezouar El Idrissi y Alberto Torés. Málaga: Cedma, Colección MaRemoto 16.

El-Ouahhabi, Mohamed Lemrini (2004): «Viaje al pasado». En: *La puerta de los vientos. Narradores marroquíes contemporáneos*. Edición de Marta Cerezales, Miguel Ángel Moreta y Lorenzo Silva. Barcelona: Destino, 217-223.

García Benito, Nieves (2000): «Al-Yaza'ir». En: *Por la vía de Tarifa*. Madrid: Calambur, 98-104.

GARCÍA FERNÁNDEZ, Federico (2001): «Kamal». En: *Lavapiés. Microrrelatos*. Madrid: Opera Prima, 53-55.

LOZANO, Antonio (2007 [2003]): *Donde mueren los ríos*. Granada: Editorial Almuzara, 27-32.

ORTIZ, Lourdes (1998): «Fátima de los naufragios». En: *Fátima de los náufragos. Relatos de tierra y mar*. Barcelona: Planeta, 5-22.

ROYO, Rosalía. «Papeles». En: <http://www.myspace.com/rosalia roio>.

SANTIAGO, Elena (2005): «Finalmente, ¿una oscuridad?». En: *Inmenso Estrecho. Cuentos sobre inmigración*. Edición de Jorge Eduardo Benavide. Madrid: Kailas, 255-260.

SOREL, Andrés (2000): «La mujer sin cabeza». En: *Las voces del Estrecho*. Barcelona: Muchnik, 112-122.

VALLVEY, Ángela (2006): «Cruce de civilizaciones». En: *Cuentos de las dos orillas II*. Edición de José Monleón. Madrid: Agencia Española de Cooperación Internacional, 87-97.

ESTUDIOS Y OBRAS CRÍTICAS

ABBEELE, Georges Van Den (1992): *Travel as Metaphor from Montaigne to Rousseau*. Minneapolis/Oxford: University of Minnesota Press.

ABRIGHACH, Mohamed (2006): *La inmigración marroquí y subsahariana en la narrativa española actual*. Agadir: Ormes, Facultad de Letras y Ciencias Humanas.

AKALOO, Nasima (s.f.): «La doble visión de la inmigración en España». En: <http://intersections.files.wordpress.com/2007/05/nasima-akaloo.pdf>.

Alland, Alexander, Jr. y Alland, Sonia (2006): *Catalunya, One Nation, Two States. An Ethnographic Study of Nonviolent Resistance to Assimilation*. New York: Palgrave Macmillan.

Amo, Mercedes del (1997): *El imaginario, la referencia y la diferencia: siete estudios acerca de la mujer árabe*. Granada: Universidad de Granada.

— (1999): «Literatura árabe contemporánea en español, 1985-1996». En: Fernández Parrilla, Gonzalo y Montoro Murillo, Rosario (coords.). *El Magreb y Europa: literatura y traducción*. Cuenca: Ediciones de la Universidad de Castilla-La Mancha, 213-258.

Anderson, Benedict (1991): *Imagined Communities. Reflections on the Origin and Spread of Nationalism*. London: Verso.

Andrés-Suárez, Irene (ed.) (2002): *Migración y literatura en el mundo hispánico*. Madrid: Verbum.

—, Kunz, Marco y D'Ors, Inés (2002): *La inmigración en la literatura española contemporánea*. Madrid: Verbum.

Appadurai, Arjun (1996): *Modernity at Large: Cultural Dimensions of Globalization*. Minneapolis: University of Minnesota Press.

Azurmendi, Mikel (2001): *Estampas del Ejido. Un reportaje sobre la integración del emigrante*. Madrid: Taurus.

Babcock, James (s. a.): «Morocco: On a Dream and a Prayer». En: *The Middle East*, 18-19.

Balfour, Sebastian y Quiroga, Alejandro (2007): *The Reinvention of Spain: Nation and Identity since Democracy*. Oxford: Oxford University Press.

Ballesteros, Isolina (2005): «Embracing the Other: the Feminization of Spanish "Immigration Cinema"». En: *Studies in Hispanic Cinemas* 2.1, 3-14.

BAUMAN, Zygmunt (1997): *Postmodernity and its Discontents*. New York: New York University Press.

— (2004a): *Wasted Lives. Modernity and it Outcasts*. Cambridge: Polity.

— (2004b): *Identity*. Cambridge: Polity.

— (2005): *Liquid Life*. Cambridge: Polity.

BELLAICHI, Abderrahmane (2000): «La estructura narrativa de *El diablo de Yudis* de Ahmed Daoudi». En: Crosas, Francisco; González, Ramón y Navascués, Javier de (eds.). *Actas del VIII Simposio General de la Asociación de Profesores de Español*. Pamplona: Universidad de Navarra, 51-57.

BEN JELLOUN, Tahar (1998): *¿Papá, qué es el racismo?* Madrid: Alfaguara.

BHABHA, Homi K. (1996): «Culture's In-Between». En: Hall, Stuart y Du Gay, Paul (eds.). *Questions of Cultural Identity*. London: Sage, 53-60.

BOEHMER, Elleke (1995): *Colonial and Postcolonial Literature: Migrant Metaphors*. Oxford: Oxford University Press.

BOWEN, John R. (2004): «Beyond Migration: Islam as a Transnational Public Space». En: *Journal of Ethnic and Migration Studies* 30.5, 879-894.

BOLAFFI, Guido; BRACALENTI, Raffael; BRAHAM, Peter y GINDRO, Sandro (eds.) (2003): *Dictionary of Race, Ethnicity and Culture*. London: Sage.

BRETTELL, Caroline y HOLLIFIELD, James Frank (2008): *Migration Theory: Talking Across the Disciplines*. New York: Routledge.

BURKE, Ulick Ralph (ed.) (1900): *A History of Spain from the Earliest Times to the Death of Ferdinand the Catholic*. Edición de Martin A. S. Hume. London/New York/Bombay: Longmans, Green, and Co.

Canales, Pero y Montánchez, Enrique (2002): *En el nombre de Alá. La red secreta del terrorismo islámico en España*. Barcelona: Planeta.

Carens, Joseph H. y Williams, Melissa S. (1996): «Muslim Minorities in Liberal Democracies: The Politics of Misrecognition». En: Bauböck, Rainer; Heller, Agnes y Zolberg, Aristide R. (eds.). *The Challenge of Diversity. Integration and Pluralism in Societies of Immigration*. Aldershot: Avebury, 157-186.

Carling, Jorgen (2007): «Unauthorized Migration from Africa to Spain». En: *International Migration* 45.4, 1-37.

Castellano Parreño, Juan Manuel y Guerra Talavera, Raquel (2005): «La vivienda de los inmigrantes indocumentados residentes en Canarias (España)». En: *Scripta Nova. Revista Electrónica de Geografía y Ciencias Sociales* 10, 25 de julio, 205-208, <http://www.ub.es/geocrit/sn/sn-207.htm>.

Castiello, Chema (2005): *Los parias de la tierra. Inmigrantes en el cine español*. Madrid: Talasa.

Chakor, Mohamed (1998): *El moro en el imaginario español*. Tetuán: Tetuán-Asmir.

— (2000): *Aproximación al humanismo islámico*. Madrid: Cálamo.

Checa y Olmos, Francisco (ed.) (2005): *Mujeres en el camino. El fenómeno de la migración femenina en España*. Barcelona: Icaria.

— (2008): *La inmigración sale a la calle. Comunicación y discursos políticos sobre el fenómeno migratorio*. Barcelona: Icaria.

Combs-Schilling, M. E. (1989): *Sacred Performances. Islam, Sexuality, and Sacrifice*. New York: Columbia University Press.

Cuesta Estévez, Gaspar (2004): «El fenómeno de la inmigración a través de las canciones». En: Soler-Espiauba, Dolores (coord.). *Literatura y pateras*. Sevilla/Madrid: Universidad Internacional de Andalucía/Akal, 125-137.

DIETZ, Gunther (2004): «Frontier Hybridization or Culture Clash? Trans-national Migrant Communities and Sub-National Identity Politics in Andalusia, Spain». En: *Journal of Ethnic and Migration Studies* 30, 1087-1112.

DIRLIK, Arif (2002): «Literature/Identity: Transnationalism, Narrative and Representation». En: *The Review of Education, Pedagogy and Cultural Studies* 24, 209-234.

— (2004): «It Is Not Where You Are From, It is Where You Are At: Place-Based Alternatives to Diaspora Discourses». En: Friedman, Jonathan y Randeria, Shalini (eds.). *World on the Move*. London: IB Tauris, 141-165.

DWYER, Kevin (2007): «Moroccan Cinema and the Promotion of Culture». En: *The Journal of North African Studies* 12.3, 277-286.

EL GAMOUN, Ahmed (1995): *Lorca y la cultura popular marroquí*. Madrid: Libertarias/Prodhufi.

FANJUL, Serafín (2004): *Al-Ándalus contra España: la forja de un mito*. Madrid: Siglo XXI.

FELDMAN, Noah (2008): «The New Pariahs?». En: *The New York Times*, 22 de junio, <http://www.nytimes.com/2008/06/22/magazine/22wwln-lede-t.html>.

FLESLER, Daniela (1995): *The Return of the Moor. Spanish Responses to Contemporary Moroccan Immigration*. West Lafayette: Purdue University Press.

— (2004): «New Racism, Intercultural Romance, and the Immigration Question in Contemporary Spanish Cinema». En: *Studies in Hispanic Cinemas* 1.2, 103-118.

GARCÍA DEL POZO, Pilar (2006): *Algo más que historias. Inmigración y microcréditos*. Madrid: Tabla Rasa.

GARCÍA CASTAÑÓN, Luz (1995): *Moros y cristianos en las narraciones infantiles árabes y españolas*. Madrid: Ediciones de la Torre.

Ghatak, Subrata y Showstack Sassoon, Anne (2001): *Migration and Mobility. The European Context*. New York: Palgrave.

Gier, Daniel (2000): «Caras nuevas: Reflexiones sobre la representación de norteafricanos y otros colectivos marginados en la novela policíaca española». En: *Alharaca* 7, <http://www.uam.es/departamentos/filoyletras/earabes/alharaca/invierno2000/norteafricano.html>.

Gil Benumeya Grimau, Rodolfo (2008): «Prólogo». En: Gahete, Manuel *et al.* (eds.). *Calle del Agua. Antología contemporánea de literatura hispanomagrebí*. Madrid: Sial Ediciones, Col. Casa de África.

Gilmour, Nicola (2006): «Turkish Delight: Antonio Gala's *La pasión turca* as a Vision of Spain's Contested Islamic Heritage». En: *Arizona Journal of Hispanic Cultural Studies* 10.1, 77-94.

Gökturk, Deniz (1999): *Turkish Delight – German Fright. Migrant Identities in Transnational Cinema*. Oxford: University of Oxford/Transnational Communities Programme.

González Ferrín, Emilio (2006): *Historia general de Al-Ándalus. Europa entre Oriente y Occidente*. Córdoba: Almuzara.

Goytisolo, Juan (1989): *Crónicas sarracinas*. Barcelona: Seix Barral.

— (2003): *España y sus Ejidos*. Madrid: Hijos de Muley-Rubio.

Huntington, Samuel (2004): «The Hispanic Challenge». En: *Foreign Policy*, marzo-abril, 30-45.

Hyndman, Jennifer (2000): *Managing Displacement. Refugees and the Politics of Humanitarianism*. Minneapolis: University of Minnesota Press.

Izquierdo, Antonio (1996): *La emigración inesperada. La población extranjera en España (1991-1995)*. Madrid: Trotta.

Jiwani, Yasmin (2005): «Orientalizing "War Talk": Representations of the Gendered Muslim Body post-9/11». En: Lee,

Jo-Anne y Lutz, John (eds.). *Situating «Race» and Racisms in Time, Space, and Theory. Critical Essays for Activists and Scholars*. Montréal: McGill-Queen's University Press, 178-204.

KAPLAN, Ann (1997): *Looking for the Other. Feminism, Film, and the Imperial Gaze*. New York: Routledge.

KAPLAN, Caren (1996): *Questions of Travel*. Durham: Duke University Press.

KIBBEY, Ann (2005): *Theory of the Image: Capitalism, Contemporary Film, and Women*. Bloomington: Indiana University Press.

KIM, Yeon-Soo (2005): *The Family Album: Histories, Subjectivities, and Immigration in Contemporary Spanish Culture*. Lewisburg: Bucknell University Press.

KRAIDY, Marwan M. (2005): *Hybridity, or the Cultural Logic of Globalization*. Philadelphia: Temple University Press.

KUNZ, Marco (2003): *Juan Goytisolo: metáforas de la migración*. Madrid: Verbum.

—, ANDRÉS-SUÁREZ, Irene *et al.* (2002): *La inmigración en la literatura española contemporánea*. Madrid: Verbum.

LABANYI, Jo (2001): *Constructing Identity in Twentieth-Century Spain: Theoretical Debates and Cultural Practice*. Oxford: Oxford University Press.

LACOMBA VÁZQUEZ, Joan (2001): *El Islam inmigrado. Transformaciones y adaptaciones de las prácticas culturales y religiosas*. Madrid: Ministerio de Educación, Cultura y Deporte.

LÓPEZ GARCÍA, Bernabé (1993): *Inmigración magrebí en España: el retorno de los moriscos*. Madrid: MAPFRE.

— (1996): *Atlas de la inmigración magrebí en España*. Madrid: Universidad Autónoma de Madrid, 1996.

Lmrabet, Alí (2003): *Mañana. A favor de la libertad de expresión de Marruecos*. Edición de Laura Feliu y Bernabé López García. Barcelona: Península.

McGhee, Derek (2006): «Getting "Host" Communities on Board: Finding the Balance Between "Managed Migration" and "Managed Settlement" in Community Cohesion Strategies». En: *Journal of Ethnic and Migration Studies* 32.1, 111-127.

Magallanes Latas, Fernando (1996): «El acercamiento al texto literario de carácter autobiográfico: puntos de partida terminológicos y conceptuales». En: *Revista de Filología Alemana* 4, 75-82; <http://revistas.ucm.es/fll/11330406/articulos/RFAL9696110075A.PDF>.

Marchand, Marianne H. y Sisson Runyan, Anne (eds.) (2000): *Gender and Global Restructuring. Sightings, Sites and Resistances*. London: Routledge.

Martín Corrales, Eloy (2002): *La imagen del magrebí en España. Una perspectiva histórica (siglos xvi-xx)*. Barcelona: Bellaterra.

Martín Muñoz, Gema (2000a): «Arab Youth Today: The Generation Gap, Identity Crisis and Democratic Deficit». En: Meijer, Roel (ed.). *Alienation or Integration of Arab Youth. Between Family, State and Street*. Richmond, Surrey: Curzon Press, 17-26.

— (2000b): «Imágenes e imaginarios: la representación de la mujer musulmana a través de los medios de comunicación en Occidente». En: Valcárcel, Amelia y Renau, María Dolores (eds). *Los desafíos del feminismo en el siglo xxi*. Sevilla: Instituto Andaluz de la Mujer.

— García Castaño, Francisco Javier *et al.* (eds.) (2003): *Marroquíes en España. Estudio sobre su integración*. Madrid: Fundación Repsol YPF.

MARTÍN RODRÍGUEZ, Manuel (2001): «Aztlán y Al-Ándalus: la idea del retorno en dos literaturas inmigrantes». En: *La Palabra y el Hombre* 120, octubre-diciembre, 29-38; disponible en la Biblioteca Virtual Miguel de Cervantes, <http://www.cervantesvirtual.com/servlet/SirveObras/23584061092370529454679/p0000001.htm#I_1_>.

MARTÍNEZ VEIGA, Ubaldo (1997): *La integración social de los inmigrantes en España*. Madrid: Trotta.

MCGHEE, Derek (2006): «Getting "Host" Communities On Board: Finding the Balance Between "Managed Migration" and "Managed Settlement" in Community Cohesion Strategies». En: *Journal of Ethnic and Migration Studies* 32.1, 111-127.

MERNISSI, Fatima (1996): *Women's Rebellion and Islamic Memory*. London: Zed Books.

— (2001a): «The Muslim Concept of Active Female Sexuality». En: Satow, Roberta (ed.). *Gender and Social Life*. Boston: Allyn and Bacon, 217-226.

— (2001b): *Sheherazade Goes West*. New York: Washington Square Press.

MGARA, Ahmed Mohamed (2004): *El cine español y Marruecos (1903-2003)*. Tetuán: Imprenta Al-Jaly al-Arabi.

MOLINA GAVILÁN, Yolanda y DI SALVO, Thomas J. (2008): «Policing Spanish/European Borders: Xenophobia and Racism in Contemporary Spanish Cinema». En: *CiberLetras. Revista de Crítica Literaria y de Cultura* 5, noviembre, <http://www.lehman.cuny.edu/ciberletras/v05/molina.html>.

MORALES LEZCANO, Víctor (1994): *El desafío de la inmigración africana en España*. Madrid: UNED.

MORERAS, Jordi (1999): *Musulmanes en Barcelona. Espacios y dinámicas comunitarias*. Barcelona: CIDOB.

MOYANO, Eduardo (2005): *La memoria escondida. Emigración y cine*. Madrid: Tabla Rasa.

MUÑOZ CONGOST, José (1989): *Por tierra de moros. El exilio español en el Magreb*. Móstoles (Madrid): Ediciones Madre Tierra.

NAGEL, Joane (2003): *Race, Ethnicity, and Sexuality. Intimate Intersections, Forbidden Frontiers*. New York: Oxford University Press.

NAIR, Sami (2001): *La inmigración explicada a mi hija*. Barcelona: Plaza & Janés.

— y GOYTISOLO, Juan (2000): *El peaje de la vida. Integración o rechazo de la emigración en España*. Madrid: Aguilar.

NASH, Mary (2005): *Inmigrantes en nuestro espejo. Inmigración y discurso periodístico en la prensa española*. Barcelona: Icaria.

—, TELLO, Rosa y BENACH, Nuria (eds.) (2005): *Inmigración, género y espacios urbanos. Los retos de la diversidad*. Barcelona: Bellaterra.

NEWMAN, Michael, TRENCHS-PARERA, Mireia y NG., Shukhan (2008): «Normalizing Bilingualism: The Effects of the Catalonian Linguistic Normalization Policy One Generation After». En: *Journal of Sociolinguistics*, 12.3, 306-333.

OLAGÜE, Ignacio (1974): *La revolución islámica en Occidente*. Barcelona: Fundación Juan March.

OLSHTAIN, Elite y HORENCZYK, Gabriel (2000): *Language, Identity and Immigration*. Jerusalem: The Hebrew University.

PAPADOPOULOU-KOURKOULA, Aspasia (2008): *Transit Migration: The Missing Link Between Emigration and Settlement (Migration, Minorities and Citizenship)*. Basingstoke/New York: Palgrave Macmillan.

PÉREZ-FIRMAL, Gustavo (1994): *Life on the Hyphen: The Cuban-American Way*. Austin: University of Texas Press.

— (1996): «Vivir en la cerca: la generación del 1,5». En: *La Gaceta de Cuba* 43.5, sept.-oct., 21-24.

PHIZACKLEA, Annie (2004): «Migration Theory and Migratory Realities». En: Joly, Daniele, (ed.). *International Migration in the New Milenium. Global Movement and Settlement.* Burlington: Ashgate, 126-127.

RAMÍREZ FERNÁNDEZ, Ángeles (1997): «La inmigración marroquí: los procesos de cambio en las relaciones de género y el papel del Islam». En: Maqueira D'Angelo, Virginia y Vara, María Jesús (eds.). *Género, clase y etnia en los nuevos procesos de globalización.* Madrid: Instituto Universitario de Estudios de la Mujer/Universidad Autónoma de Madrid, 183-191.

— y LÓPEZ GARCÍA, Bernabé (eds.) (2002): *Antropología y antropólogos en Marruecos. Homenaje a David M. Hart.* Barcelona: Bellaterra.

RICCI, Cristián (2005): «El regreso de los moros a España: Fronteras, inmigración, racismo y transculturación en la literatura marroquí». En: *Cuadernos de ALDEEU* XXI, noviembre, 1-12.

— (2006): «La literatura marroquí de expresión castellana en el marco de la postmodernidad y la hibridación postcolonialista». En: *Afro-Hispanic Review* 25.2, otoño, 89-107.

— (2008): «Najat El Hachmi y Laila Karrouch: escritoras marroquíes-imazighen-catalanas en el marco del fenómeno migratorio moderno». En: <http://www.marruecosdigital.net/xoops/modules/wfsection/article.php?articleid=1937>.

RICHARDSON, Nathan E. (2002): *Postmodern Paletos: Immigration, Democracy, and Globalization in Spanish Narrative and Film, 1950-2000.* Lewisburg/Cranbury/London: Associated University Presses.

RINGS, Guido y MORGAN-TAMOSUNAS, Rikki (eds.) (2003): *European Cinema: Inside Out. Images of the Self and the Other in Postcolonial European Film.* Heidelberg: Universitätsverlag.

RODRÍGUEZ RICHART, José (1999): *Emigración española y creación literaria. Estudio introductorio*. Madrid: Fundación 1º de Mayo.

RIUS SANT, Xavier (2007): *El libro de la inmigración en España.* Córdoba: Almuzara.

RUEDA, Ana (2005): «Sender y otros novelistas de la guerra marroquí: humanismo social y vanguardia política». En Romance Quarterly 52.3, summer, 175-196.

— (2006): «El enemigo "invisible" de la Guerra de África (1859-60) y el proyecto histórico del nacionalismo español: Del Castillo, Alarcón y Landa». En: *The Colorado Review of Hispanic Studies* 4, otoño, 147-168.

SABIR, Ahmed (2001): *Las Canarias preeuropeas y el norte de África. Paralelismos lingüísticos y culturales.* Rabat: Imprimerie El-Maarif El Jadida.

SADIQI, Fatima (2003): *Women, Gender and Language in Morocco.* Leiden: Brill.

SAID, Edward (1979): *Orientalism.* New York: Vintage Books.

SAKAI, Noaki (2005): «Nationality and the "Mother Tongue"». En: Sakai, Naoki; Bary, Brett de y Toshio, Iyotani (eds.). *Deconstructing Nationality.* Ithaca: East Asia Program/Cornell University.

SALVATORE, Armando (2004): «Making Public Space: Opportunities and Limits of Collective Action Among Muslims in Europe». En: *Journal of Ethnic and Migration Studies* 30.5, 1013-1031.

SÁNCHEZ-CORNEJERO, Cristina (ed.) (2007): *Spanishness in the Spanish Novel and Cinema of the 20th-21st Century*. Newcastle: Cambridge Scholars Publishing.

SANTAOLALLA, Isabel (1999): «Close Encounters: Racial Otherness in Imanol Uribe's Bwana». En: *Bulletin of Hispanic Studies* 79, 111-123.

SARTORI, Giovanni (2001): *La sociedad multiétnica. Pluralismo, multiculturalismo y extranjeros*. Madrid: Taurus.

SAUNDERS, Rebecca (2003): *The Concept of the Foreign. An Interdisciplinary Dialogue*. Lanham: Lexington Books.

SCOTT, Joan (2007): *The Politics of the Veil*. Princeton: Princeton University Press.

SILVERSTONE, Roger y GEORGIOUS, Myria (2005): «Editorial Introduction: Media and Minorities in Multicultural Europe». En: *Journal of Ethnic and Migration Studies* 31.3, 433-441.

SOLER-ESPIAUBA, Dolores (ed.) (2004): *Literatura y pateras*. Madrid: Akal.

SØRENSEN, Ninna Nyber (2002): *Work and Migration: Life and Livelihoods in a Globalizing World*. London: Routledge.

STAM, Robert (2000): *Film Theory: An Introduction*. Malden: Blackwell.

SUÁREZ-OROZCO, Marcelo (2005): «Everything You Ever Wanted to Know about Immigration but Were Afraid to Ask». En: Epps, Brad; Valens, Keja y Honson González, Bill (eds.). *Passing Lines: Sexuality and Immigration*. Cambridge: Harvard University Press, 51-67.

TELLO, Antonio (1997): *Extraños en el Paraíso. Inmigrantes, desterrados y otras gentes de extranjera condición*. Barcelona: Flor de Viento.

URRY, John (2000): *Sociology Beyond Societies: Mobilities for the Twenty-first Century*. London/New York: Routledge; <http://www.netlibrary.com/Reader>.

VALLS, Fernando (2008): «Últimas noticias sobre el microrrelato español». En: *Ínsula* 741, septiembre; <http://www.revistasculturales.com/articulos/37/insula/945/1/ultimas-noticias-sobre-el-microrrelato-espanol.html>.

VAN DIJK, Teun A. (2008): «Reproducir el racismo: el rol de la prensa». En: Checa y Olmos, Francisco (ed.). *La inmigración sale a la calle. Comunicación y discursos políticos sobre el fenómeno migratorio*. Barcelona: Icaria, 19-50.

VEGA, Cristina (1997): «Experiencing Urban Space. Moroccan Women in the Neighborhood of Lavapiés (Madrid)». En: *Ciudades para un futuro más sostenible.* Madrid: Instituto Juan Herrera, 11 de julio; <http://habitat.aq.upm.es/boletin/n8/acve-eng.html>.

VERNET, Juan (2001): *Lo que Europa debe al Islam de España*. Barcelona: El Acantilado.

VILAR, Juan Bautista y VILAR, María José (1999): *La emigración española al Norte de África (1830-1999)*. Madrid: Arco/Libros.

YUVAL-DAVIS, Nira (2006): *The Situated Politics of Belonging*. London: Sage.

ZAPATA-BARRERO, Ricard (2001): *Ciudadanía, democracia y pluralismo cultural.* Barcelona: Anthropos.

ZONTINI, Elisabetta (2004): «Immigrant Women in Barcelona: Coping with the Consequences of Transnational Lives». En: *Journal of Ethnic and Migration Studies* 30.6, 1113-1144.

FUENTES ADICIONALES SOBRE LA MIGRACIÓN

Literatura

ARJOUNI, Jakob (1994): *Rakdee con dos es*. Barcelona: Virus.

BARRIL, Joan (2008 [1988]): *Un submarí a les estovalles* [*Un submarino en/bajo el mantel*]. Barcelona: La Campana Edicions.

BWN JELLOUN, Tahar (2006): *Partir*. Traducción de Malika Embarek López. Barcelona: El Aleph.

BINEBINE, Mahi (2000): *La patera* [*Cannibales*]. Traducción de Marie-Paule Sarrazin. Madrid: Akal.

BOTTO, Juan Diego (2005): *El privilegio de ser perro*. Con la participación de Roberto Cossa. Barcelona: El Aleph.

CABELLO, Encarna (1995): *La cazadora*. Melilla: Consejería de Cultura, Educación, Juventud y Deportes.

CANO VERA, José Juan (1998): *La patera y otros relatos*. Alicante: Epígono.

DELIBES, Miguel (1958): *Diario de un emigrante*. Barcelona: Destino.

DJBILOPU, Abdellah (ed.) (1992): *Miradas desde la otra orilla. Una visión de España*. Madrid: ICMA/Agencia Española de Cooperación Internacional.

FUENTES PULIDO, Eugenio (2005): *Venas de nieve*. Barcelona: Tusquets.

GIL GRIMAU, Rodolfo (1999): *La puerta de los sueños*. Barcelona: El Clavel.

GOYTISOLO, Juan (1986): *En los reinos de Taifa*. Barcelona: Seix Barral.

— (1995): *Reivindicación del Conde don Julián*. Madrid: Cátedra (ed. original 1970, México).

HERNANDO LAFUENTE, Adolfo (1999): *Aguas de cristal, costas de ébano*. Alicante: Cálamo.

Hirsi, Ayaan (2007): *Infidel*. New York: Free Press.

Iglesias, Eduardo (2004): *Tarifa. La venta del alemán*. Madrid: El Tercer Hombre.

Jiménez, Carmen (2008): *Madre mía, que estás en los infiernos*. Madrid: Siruela.

Karrouch, Laila (2004): *De Nador a Vic*. Barcelona: Columna.

— (2006): *Un meravellos libre de contes arabs per a nens i nese*. Barcelona: Columna.

Lalami, Laila (2005): *Hope and Other Dangerous Pursuits*. Chapel Hill (NC): Algonquin Books of Chapel Hill.

Lera, Ángel María de (1964): *Hemos perdido el sol*. Madrid: Aguilar.

— (1965): *Con la maleta al hombro*. Madrid: Editora Nacional.

López Sarasúa, Concha (2002): *La llamada del almuédano*. Alicante: Cálamo.

Lorman, Joseph (1996): *La aventura de Saíd*. Madrid: SM.

Lozano González, Antonio (2002): *Harraga*. Granada: Zoela Ediciones.

Miralles, Alberto (2003): *Patera. Réquiem*. En: *Teatro breve*. Madrid: Espiral/Fundamentos, 77-88.

Monleón, José (ed.) (2006): *Cuentos de las dos orillas II*. Madrid: Agencia Española de Cooperación Internacional, 87-97.

Moral, Ignacio (1992): *La mirada del hombre oscuro*. Madrid: Sociedad General de Autores de España.

Muñoz Lorente, Gerardo (2001): *Ramito de hierbabuena*. Barcelona: Plaza & Janés.

Naveros, Miguel (2001): *Al calor el día*. Madrid: Alfaguara.

Ndongo-Bidyogo, Donato (2007): *El metro*. Barcelona: El Cobre.

Nini, Rachid (2002): *Diario de un ilegal*. Sevilla: Ediciones del Oriente y del Mediterráneo.

OLMO, Lauro (1970): *La camisa; drama popular en tres actos*. Madrid: Escélicer.

OVEJERO, José (2002): *Vidas ajenas*. Madrid: Debate.

RERVERTE, Jorge M. (2001): *Gálvez en la frontera*. Madrid: Alfaguara.

RIVAS, Manuel (2000): *El lápiz del carpintero*. Madrid: Santillana.

— (2001): *La mano del emigrante*. Madrid: Alfaguara.

RUIZ GARCÍA, Pedro (2006): *Nadie dijo que sería fácil*. Madrid: SIAL Ediciones.

RUS, Miguel Ángel de (1999): *Europa se hunde*. Madrid: Ediciones Irreverentes.

SAMPEDRO, José Luis (2006): *La senda del drago*. Barcelona: Mondadori.

SILVA-SANTISTEBAN, Rocío (2001): «La tumba de Argumosa». En: *Lavapiés. Microrrelatos*. Madrid: Opera Prima, 35-40.

MORENO TORREGOSA, Pasqual y EL GHERYB, Mohamed (1994): *Dormir al raso*. Presentación de Manuel Vázquez Montalbán; prólogo de Mahdi Elmandjara. Madrid: Ediciones Vosa.

VALLEJO, Juan Pablo (2004): *Patera*. Tarragona: Arola.

Cine: (co)producciones españolas o marroquíes

Agua con sal (2005), Pedro Pérez-Rosado

Olga es una joven cubana que llega a España con una beca para sus estudios, pensando que será el comienzo de una vida mejor. Al cabo del tiempo se convierte en una inmigrante ilegal que sufre los problemas de la marginación, no puede volver a casa y tiene que buscarse la vida. Mari Jo es una joven valenciana, nacida en una familia llena de problemas y a la que el destino ha marcado su vida. Son trabajadoras ilegales de una fábrica de muebles en la que cobran dos euros por hora.

Aguaviva (2005), Adriana Pujol

Documental que reflexiona sobre la inmigración y la integración. Se centra en la despoblación del pueblo Aguaviva, en Teruel, y la subsiguiente repoblación con ciudadanos inmigrantes a raíz de un llamado del alcalde de la localidad. El documental recoge los testimonios y el sentir de los argentinos, chilenos y rumanos que acudieron al llamado afincándose en Aguaviva.

(Los) baúles del retorno (1995), Maria Miró

Una joven saharaui que estudia en París regresa a su lugar de origen y establece una relación afectiva con una niña muy imaginativa.

Bwana (1996), Imanol Uribe

Antonio —taxista—, su mujer y sus dos hijos llegan al atardecer a una playa donde conocerán a Ombasi, un emigrante subsahariano recién llegado en patera. Todos pasaran la noche junto a la hoguera, pero a la mañana siguiente los sobresalta la llegada de un grupo de neonazis. La película invita a una reflexión sobre el racismo y la xenofobia de la familia.

Canícula (2000), Álvaro García-Capelo

Las historias de varios personajes que pasan el verano en Madrid —un director de cine, una periodista, un carnicero, un ama de casa, un taxista magrebí, un publicitario en paro, una joven juez, un niño de papá que trabaja de obrero— se van implicando irremediablemente a medida que aumenta el calor implacable.

(Las) Cartas de Alou (1990), Montxo Armendáriz

Tras una dramática travesía, Alou, senegalés de 28 años, llega con un grupo de africanos clandestinamente a la costa sur de España. A pesar de las dificultades con que se enfrenta, existe solidaridad y compañerismo entre los emigrantes. Viaja en precarias condiciones a Cataluña, donde espera encontrar un buen trabajo gracias a un amigo que lleva tiempo instalado allí. Cuando llega a su destino e inicia una relación con una joven española, escribe cartas a su familia.

Cosas que dejé en la Habana (1999), Manuel Gutiérrez Aragón

Tres jóvenes cubanas recién llegadas intentan abrirse camino en Madrid, donde viven con una tía que se encuentra adaptada a su entorno.

Cuarteto de la Habana (1999), Fernando Colomo

Comedia en la que el protagonista, Walter, descubre una cinta de vídeo en la que una cubana, llamada Lita, afirma ser su verdadera madre, lo cual le lleva desplazarse a Cuba.

El cielo gira (2004), Mercedes Álvarez

El recuerdo como tema primordial del diálogo entre los 14 habitantes de un pueblo de Soria, en particular un marroquí y un español, es la esencia de este documental que presenta diferentes filosofías sobre los orígenes de la tierra que pisan.

Españolas en París (1970), Roberto Bodegas

Comedia con tintes patéticos sobre las jóvenes españolas que emigran a París para trabajar en el servicio doméstico y enviar dinero a su familia.

Extranjeras (2002), Helena Taberna

Documental acerca de las opiniones de mujeres que han emigrado a España de diferentes países, sus luchas, sus nostalgias, sus sueños.

Flores de otro mundo (1999), Icíar Bollaín

Una caravana de mujeres extranjeras y españolas llega al pequeño pueblo de Santa Eulalia con la intención de establecer relaciones con los hombres solteros de la población. La convivencia que esperan de este encuentro no es fácil debido a las diferencias culturales y sociales entre ambos grupos. Entre estas mujeres hay una dominicana, una cubana y una vasca que buscan la oportunidad de su vida.

Frontera sur (1998), Gerardo Herrero

La vida del emigrante español en América y la manera difícil y sórdida de abrirse camino en la sociedad.

Goodbye Mothers (2007), Mohamed Ismail

Mejor conocido por su film *Et Après?* de 2002, este director marroquí retrata la coexistencia pacífica de dos familias, una musulmana y otra judía, en Casablanca en la década de 1960; un período en el que muchos judíos se enfrentaban al dilema de si emigrar o no a Israel.

Ilegal (2002), Ignacio Vilar

Al investigar el tráfico ilegal de inmigrantes, dos reporteros españoles descubren una colaboración entre la mafia y oficiales del gobierno. Su deseo de averiguar la verdad llega a poner en peligro sus vidas.

L'Enfant endormi (2004), Yasmine Kassari

En este largometraje co-producido por Marruecos y Bélgica, Zeinab, una joven recién casada que vive en el noroeste de Marruecos, se queda sola cuando, tras la noche de bodas, el marido decide emigrar clandestinamente a Europa. Mientras espera el retorno de su marido, descubre que está embarazada. Esta directora, guionista y productora de cine francófono es de origen marroquí y se dio a conocer con el documental *Quand les hommes pleurent* (2000), también relacionado con la emigración y con la ausencia.

Loin des yeux (2005), Ismaël Saïdi

En este film marroquí francófono Karim cruza clandestinamente España y Francia para poder reunirse con el amor de su vida, Amina, quien partió hace un año y ahora vive en Bruselas. Cuando llega a su destino debe enfrentarse a la realidad.

(La) Marea (2005), Pablo Bravo

Este largometraje documental narra la historia de cinco jóvenes marroquíes que anhelan emigrar a la costa andaluza cruzando el Estrecho de Gibraltar. Examina las motivaciones de cientos de marroquíes para arriesgar sus vidas de esa forma y sus planes de futuro. En el proceso, se revela cómo funciona Europa en su imaginario y qué encuentran al llegar a territorio español.

María y Assou (2006), Silvia Quer

En esta co-producción hispano-marroquí, Assou, un joven marroquí va a estudiar a España donde conoce a María. Se casan con el beneplácito de ambas familias y tienen dos hijos. Un día, Assou es atacado por un grupo de borrachos neo-nazis y muere de la paliza. La desconsolada María se propone enterrarlo en su país de origen, Marruecos, en vez que hacerlo en el inhospitalario país en el que ha encontrado la muerte, pero ahí no terminan sus males.

Martín Hache (2006), Adolfo Aristarain

En esta co-producción de Argentina y España, el protagonista es Martín Echenique (Luppi), un director de cine de Buenos Aires que lleva viviendo veinte años en Madrid. No quiere ni pensar en su país de origen, pero la llegada de su hijo Martín, a quien llaman Hache por la letra entre paréntesis que le distingue de su padre, le obligará a enfrentarse a sí mismo.

Morirás en Chafarinas (1995), Pedro Olea

En el cuartel de regulares de Melilla uno de los centinelas, que se ha inyectado heroína adulterada, organiza una conmoción en el barrio árabe de la ciudad y termina arrojándose desde el minarete de la mezquita. Una segunda muerte con idéntico origen instiga una investigación sobre los hechos. El film se basa en la novela homónima de Fernando Lalana.

Paralelo 36 (2003-2004), José Luis Tirado

Documental sobre el cruce en patera de cientos de emigrantes a las costas españolas.

Pobladores (2006), Manuel García Serrano

Documental sobre la vida de un colegio público del madrileño barrio de Vallecas, a través del cual conocemos la realidad de dos familias inmigrantes, una marroquí y otra ecuatoriana y sus motivaciones para emigrar a España.

Poniente (2002), Chus Gutiérrez

Lucía, una joven maestra que vive en Madrid, regresa a su tierra con su hija Clara tras la muerte de su padre. Allí se reencuentra con el pueblo de su infancia. Es una película de amistad y amor con la temática de la emigración de fondo.

Princesas (2005), Fernando León de Aranoa

La historia de dos prostitutas, una emigrante y otra española, cuya amistad les da fuerza para enfrentarse a una sociedad que las margina.

(El) Próximo Oriente (2006), Fernando Colomo

Comedia romántica sobre un español que compite con su hermano por el amor de una mujer de la India instalada en un barrio del centro de Madrid (Lavapiés), donde la familia musulmana tiene un restaurante étnico.

Retorno a Hansala (2008), Chus Gutiérrez

Recreación de un suceso de comienzos de esta década. En las playas de Rota aparecieron los cadáveres de 11 jóvenes inmigrantes marroquíes. Todos provenían del mismo lugar, Hansala. Martín, un empresario funerario que pretende hacer negocio con lo ocurrido, y Leila, hermana de uno de los jóvenes muertos, intentan repatriar el cadáver del muchacho, lo cual les lleva a un cuestionamiento ético.

Saïd (1998), Llorenç Soler

Drama sobre el racismo y las duras condiciones de vida del emigrante ilegal en España. Cuenta la historia de Saïd, un marroquí de 20 años, que cruza el Estrecho de Gibraltar en una patera y llega hasta Barcelona, donde los prejuicios racistas y los impedimentos legales le marginan. A pesar de la ayuda de Ana, una estudiante de periodismo que lo ama, su situación no mejora, sino al contrario, pues se producen virulentas reacciones por parte de grupos racistas contra los emigrantes extranjeros. Se basa en la novela de Joseph Lorman.

Salvajes (2004), Carlos Molinero

Un grupo asesina a los sin casa y a los inmigrantes con el objeto de «limpiar» la ciudad. Berta, enfermera de profesión, se ocupa desde la muerte de su hermana de sus tres jóvenes sobrinos: Guillermo, Raúl y Lucía. Eduardo, un policía a punto de ser retirado del servicio por razones de salud, llega a la ciudad.

Sublet (1991), Chus Gutiérrez

Huyendo de una complicación sentimental, la protagonista, Laura, decide quedarse en Nueva York donde un pintor le subalquila un apartamento, lugar de una comedia de muchos encuentros y aventuras. Retrata la ciudad, la infinidad de minorías raciales que la compone y las dificultades que experimenta una joven inmigrante sin dinero para salir adelante.

(El) Sudor de los ruiseñores (1998), Juan Manuel Cotelo

Un violonchelista rumano llega a Madrid con la esperanza de encontrar trabajo viviendo de la música y eventualmente traer a su esposa y a su hija.

Surcos (1951), José Antonio Nieves Conde

La familia Pérez migra del campo a Madrid en la España franquista con la esperanza de mejorar su vida, pero en la ciudad se enfrenta a nuevos retos para sobrevivir.

Sus ojos se cerraron (1997), Jaime Chávarri

En los años treinta, una modista española llamada Juanita y admiradora de Carlos Gardel emigra para Buenos Aires para conocer a Gardel. Conoce a un cantante que se le parece considerablemente. Seducida por el artista, abandona a su novio e intenta convertir al joven en un doble.

Tapas (2005), Juan Cruz y José Corbacho

El cómico intento de españolizar, durante el franquismo, a un inmigrante a través de la comida contrasta con la insistencia en mantener la xenofobia nacional. La comida, la globalización y el pluralismo cultural en España son temas centrales en esta exploración de las diferencias regionales y las fronteras artificiales de una nación inmersa en una diversidad cultural.

Tarfaya (2004), Daoud Oulad Said

La ciudad de Tarfaya, que ha pasado a la historia como el punto de partida de la Marcha Verde, es el escenario para las peripecias de una joven tentada por la idea de emigrar.

Taxi (1996), Carlos Saura

Paz es obligada a participar con su padre, taxista, y un miembro de un grupo racista en la búsqueda de homosexuales y gente de otras razas y etnias por las calles de Madrid. Aunque sentimentalmente vinculada con su padre y su novio, ambos racistas, la joven tiene que enfrentarse a ellos para defender sus propios criterios.

(El) Traje (2002), Alberto Rodríguez

Patricio, un africano que se gana la vida trabajando en un parking, ayuda a un famoso jugador de baloncesto a cambiar la rueda pinchada de su coche. Como recompensa recibe un traje que parece estar hecho a su medida. El traje cambiará su vida, dándole acceso a un mundo hasta entonces vedado para él, hasta que una noche es atracado. Este suceso le conduce a descubrirse a sí mismo a través de la relación que surge entre él y el ladrón.

(El) Tren de la memoria (2006), Ana Pérez y Marta Rivas

Documental que desmitifica el éxodo de dos millones de españoles que emigraron a Europa en los años sesenta en busca de prosperidad.

Un franco, 14 pesetas (2006), Carlos Iglesias

La emigración a Suiza de dos amigos españoles en la España de 1960, las dificultades de la adaptación, la lucha por la supervivencia y la dificultad del retorno.

Un submarino bajo el mantel (1991), Ignasi P. Ferré

Un joven inmigrante marroquí llamado Rachid se harta de trabajar en París y decide volver a su país para convertirse en atleta, que es su verdadera vocación. Pero en Barcelona, de camino a Marruecos, le roban y se encuentra sin documentación, sin billete y sin dinero. Debido a una serie de divertidas casualidades y malentendidos, Rachid se convierte en una personalidad que triunfa en el mundo del arte y la cultura sin haber hecho nada por conseguirlo. Se basa en la novela homónima de Joan Barril.

Vente a Alemania, Pepe (1971), Pedro Lazaga

Comedia sobre trabajadores españoles que emigran a Alemania sin lograr adaptarse lo suficiente a la vida del país adoptivo. Un amigo le convence a Pepe a que emigre a Alemania, pero las promesas de una vida mejor no se cumplen; al contrario, su situación confirma que estaban mejor en España.

14 kilómetros (2007), Gerardo Olivares

El título de este documental alude a la distancia del Estrecho entre Marruecos y España y trata sobre la emigración de millones de africanos que miran a España, Francia y otros países europeos como única solución para huir del hambre.

Música

AMISTADES PELIGROSAS (1992): *Africanos en Madrid.*

BELÉN, Ana (1992): *Sólo le pido a Dios.*

ELLA BAILA SOLA (1996): *Que se te escapa el negro.*

— (2001): *La patera.*

MANU CHAO (1998): *Clandestino.*

— (2006) *Si la vida te da* (película *Princesas*).

NAVAJITA PLATEÁ (2000): *Hablando en plata.*

ROSALÍA (2007): *Papeles.*

SABINA, Joaquín (1994): *Esta boca es mía.*

SERRAT, Joan Manuel y BARRIL, Joan (1989): *Material sensible.*

TARRÍO, Ramón y EL FATHI, Abderrahmán (2006): *África en versos mojados.*

VÍCTOR MANUEL (1999): *Cada uno es como es.*

Enlaces

AEMLE. Asociación del Escritores Marroquíes en Lengua Española. <http://usuarios.lycos.es/aemle/index.htm>

Alharaca. Portal de noticias e investigación sobre el mundo árabe e islámico. <http://www.alharaca.org>

ATIME. Asociación de Trabajadores Inmigrantes Marroquíes en España. <http://www.atime.es/>

Aula Intercultural. El portal de la educación intercultural. Luz Martínez Ten, Claudia Leal y Sandra Bosch. *El viaje de Ana: historias de inmigración contadas por jóvenes.* <http://www.aulaintercultural.org/article.php3?id_article=298>

Asociación Las Pateras de la Vida por el Desarrollo y la Cultura. <http://www.mugak.eu/gunea/obsmedios/>

Asociación Pro Derechos Humanos de Andalucía. <http://www.apdha.org/index.php>

Biblioteca Virtual de Prensa Histórica. <http://prensahistorica.mcu.es/es/estaticos/contenido.cmd?pagina=estaticos/presentacion>

Canyousea. Strait of Gibraltar. <http://www.canyousea.com/index.aspx?section=97&langue=2>

Cine y migraciones. Emigración e inmigración en el cine. <http://www.uhu.es/cine.educacion/cineyeducacion/emigracion.htm>

CIPIE. Centro de Investigaciones, Promoción y Cooperación Internacional. <http://www.eurosur.org/CIPIE>

(El) Colectivo Ioé. Intervención Sociológica. <http://www.nodo50.org/ioe/>

Contamíname. Fundación para el mestizaje cultural. <http://www.contaminame.org>

CMS. Center for Migration Studies. <http://www.cmsny.org/>

Federación de Asociaciones Pro-Inmigrantes Extranjeros. <http://www.acoge.org/>

Inter-sections. A new blog about migration, past and present, in all its forms. <http://intersections.wordpress.com>

Larache en el mundo. Asociación Cultural. Edición de la *Gaceta Larache*. <http://www.laracheenelmundo.com/nueva>

Marruecos Digital. El portal de Marruecos en español. <http://www.marruecosdigital.net/xoops/modules/wfsection>

MUGAK Centro de estudios y documentación sobre racismo y xenofobia de SOS Racismo/SOS Arrazakeria. <http://www.mugak.eu/gunea/obsmedios/>

NPR. National Public Radio. <http://www.npr.org/templates/story/story.php?storyID=10344631>

Poesía Árabe. Todo sobre poesía árabe en español. <http://www.poesiaarabe.com>

The New York Times. Artículos relacionados con la inmigración en España. <http://www.nytimes.com/2006/08/01/

opinion/01tue4.html?_r=2&scp=7&sq=Migrants%20help%20tolerant%20Spain&st=cse>

WebIslam. Portal islámico de referencia en lengua española: <http://www.webislam.com>

Agradecimientos y créditos

Iberoamericana Editorial Vervuert y Cátedra Delibes agradecen a los autores y editoriales donde se publicaron originalmente los textos que conforman este volumen el permiso para su reproducción.

A pesar de extensas investigaciones no ha sido posible averiguar los propietarios o herederos de todos los textos. A los interesados que puedan hacer valer sus derechos se les ruega ponerse en contacto con la editorial:

IBEROAMERICANA Editorial Vervuert
c/ Amor de Dios, 1
28014 Madrid
Tel: 91 429 35 22
Fax: 429 53 97
E-mail: info@iberoamericanalibros.com